本研究是

教育部"三全育人"综合改革试点高校建设项目

江苏省教育科学"十二五"规划重点资助项目《大学生极端心理危机的影响因素与干预机制研究》

（课题号：B－a／2015／01／018）

江苏省高校辅导员工作研究会专项重点课题《积极心理学视野下大学生极端心理危机干预机制研究》

（课题号：15FYHZD07）

江苏大学大学生思想政治教育专项课题《思想政治教育视角下大学生心理危机干预机制构建研究》

（课题号：JDXGXB201702）

江苏高校哲学社会科学研究一般项目《新时代高校"三全育人" 生态系统优化与实践创新研究》

（课题号：2020SJA2067）

江苏大学思想政治工作研究重点课题《 "三全育人"视角下高校思想政治工作体系构建与创新》

（课题号：2020JDSZZD004)

的阶段性成果

董秀娜 编著

积极心理学
视角下

大学生极端心理危机的
影响因素与干预机制研究

江苏大学出版社
JIANGSU UNIVERSITY PRESS

镇 江

图书在版编目(CIP)数据

积极心理学视角下大学生极端心理危机的影响因素与
干预机制研究 / 董秀娜编著. — 镇江：江苏大学出版
社，2021.1(2024.4 重印)
ISBN 978-7-5684-1439-5

Ⅰ. ①积… Ⅱ. ①董… Ⅲ. ①大学生－心理干预－研
究 Ⅳ. ①G444

中国版本图书馆 CIP 数据核字(2020)第 183056 号

江苏大学专著出版基金资助出版

积极心理学视角下大学生极端心理危机的影响因素与干预机制研究
Jiji Xinlixue Shijiao xia Daxuesheng Jiduan Xinli Weiji de
Yingxiang Yinsu yu Ganyu Jizhi Yanjiu

编　　著/董秀娜
责任编辑/张　平
出版发行/江苏大学出版社
地　　址/江苏省镇江市京口区学府路 301 号(邮编：212013)
电　　话/0511-84446464(传真)
网　　址/http://press.ujs.edu.cn
排　　版/镇江市江东印刷有限责任公司
印　　刷/北京一鑫印务有限责任公司
开　　本/718 mm×1 000 mm 1/16
印　　张/13.25
字　　数/230 千字
版　　次/2021 年 1 月第 1 版
印　　次/2024 年 4 月第 2 次印刷
书　　号/ISBN 978-7-5684-1439-5
定　　价/48.00 元

如有印装质量问题请与本社营销部联系(电话:0511-84440882)

前　言

近年来，各种因素导致的大学生极端心理危机事件呈现多发趋势，大学生自我伤害和伤害他人的恶性事件越来越多，影响了大学生的心理健康和成长成才，影响了高校的安全稳定和和谐校园建设，也给高校的教学工作和管理工作增加了很大的压力和难度，因此，研究大学生极端心理发生发展的原因，分析大学生极端心理的影响因素，科学地教育和指导大学生及时有效地进行心理疏导，建立系统的危机干预机制，防止恶性事件的发生，是一项迫切而紧要的任务。

本书在对大学生的极端心理进行系统研究分析的基础上，通过调查研究、数据分析等方法深入分析大学生极端心理危机的形成机理和影响因素，借鉴积极心理学的相关理论和研究成果，探讨积极心理学视角下大学生心理危机干预的实施途径，并最终构建大学生心理危机干预的新机制，为有效干预大学生极端心理、制止大学生极端行为、提高大学生心理健康水平和改进学生管理的工作方法提供实践指导，最终实现提高大学生心理素质、促进学生全面发展、实现学生健康成长的最终目的，对促进和谐校园建设、维护社会稳定也具有重要而深远的意义。

本书的结构安排如下：绪论部分介绍了目前大学生心理危机干预的特点和存在的问题，引出积极心理学的相关理论；第一章对国内外有关大学生心理危机、大学生极端心理危机和积极心理学的研究进行综述，并对大学生极端心理危机的相关理论进行分析；第二章运用问卷调查的方法开展实证研究，对问卷调查得到的数据运用统计软件进行分析，并提出相应的建议；第三章介绍积极心理学的相关理论，包括积极心理学产生的背景、意义、主要观点、特征和发展趋势，阐释积极心理学和心理弹性、团体心理辅导的关系，探讨积极心理学在大学生极端心理危机干预中的应用；第四章提出了积极心理学视角下大学生极端心理危机干预的原则、途径，尝试构建大学生极端心理危机的预防机制和预警机制，可为相关理论研究和实践工作提供指导。

大学生心理健康教育所包含的内容非常丰富，无论是理论研究还是实践分析都无法将所有的内容囊括其中。本书仅运用积极心理学的相关理论知识，分析了有限范围内的调查研究所收集到的数据，提出大学生极端心理危机预防和干预的原则、途径和机制等，旨在降低大学生极端心理危机事件的发生率，提升大学生的心理素质，促进大学生健康成长成才。

本书是一部探索性的著作，内容还有值得商榷之处，同时作者的精力和水平有限，难免有疏漏之处，希望同行、专家、学者及广大读者给予批评指正。

目 录

绪 论

近年来，由大学生心理问题引发的大学生自伤和伤人的极端事件不断增多，引起了社会的高度关注。虽然高校采取了很多措施来预防大学生极端心理危机事件的发生，但目前状况仍不容乐观。如何加强对大学生心理问题的研究，提高大学生心理危机干预的实际效果，是亟须解决的重要课题。积极心理学重视发挥人的积极品质和潜能，为研究大学生心理健康教育、预防大学生心理危机提供了新的视角。笔者拟从积极心理学的角度进行探究，以期在积极心理学理论的指导下建立起更为科学、有效的大学生极端心理危机干预体系。

一、目前我国大学生极端心理危机干预中存在的"四重四轻"问题

经过 20 年的探索和实践，我国高校的心理健康教育得到了充分发展，大学生的心理健康水平大大提升。不少高校在实践中也建立了系统的大学生心理危机干预机制，降低了大学生心理危机事件发生的概率。但从近年来大学生心理危机事件发生的情况来看，高校的心理危机干预工作中还存在一定的问题，未能从根本上防止大学生极端心理危机事件的发生。笔者对这些问题进行了概括和归纳，总结为以下几个方面：

1. 重心理问题的矫正治疗，轻心理潜能开发

目前我国高校的心理健康教育大多是从心理咨询入手，围绕学生已经产生的心理问题和心理障碍开展的，主要帮助那些主动前来寻求心理援助的学生解除心理问题。这种"补救性"的心理教育，忽视了对学生的早期教育及合理引导，也忽视了对学生心理潜能的开发，极易让人们产生"心理健康教育就是单一的心理咨询或心理治疗，只有有病的人才去咨询"的错误观念，将心理健康教育的目标局限于心理疾病的治疗，

难以从根本上预防极端心理危机事件的发生。

2. 重少数学生的心理关注，轻多数学生的发展性教育

有学者曾说过，中国的心理健康教育关注最多的是"优秀学生"和"问题学生"，而常常忽略人数最多的、居于中间位置的学生，这些学生被称为"灰色的大多数"。这反映了中国心理健康教育的一个问题，就是我们的心理健康教育往往以有严重心理障碍的少数学生为工作对象，而忽视了对那些没有出现心理问题的大多数学生的关注，忽视了对大多数正常学生健康心理的培育，忽视了对大多数正常学生的发展性教育。

3. 重心理课程的开设，轻心理素质的提升

一些高校十分重视开设心理健康类课程，重视向学生介绍心理学的相关知识，但却仅限于开设课程，并将开设心理健康教育课程等同于心理健康教育，从而忽视了学生心理素质的提高。良好的心理素质是学生发展和完善的基础，也是预防大学生心理危机事件发生的根本保证。如果仅仅重视心理课程的开设，而忽视了学生整体心理素质的提升，则不能从根本上避免大学生极端心理危机事件的发生。

4. 重过程干预，轻后续发展

高校心理危机干预是一个过程，最终目标应该是让学生形成健全的人格。但目前我国高校的心理干预工作仍然是一种"消防员"工作，重点是对发生危机状况的学生的临时干预。一旦学生度过了危机，就会减少对他们的关注，也缺少后续的跟踪教育，缺少完善人格、开发心理潜能的辅导教育，这就会造成一旦出现类似情景，学生就重新陷入危机状态，无法依靠自身力量度过危机的情况。

二、积极心理学的主要内涵

积极心理学是对应消极心理学产生的，它着重研究主观体验、积极特质与积极制度，提出心理学要重视人潜在的有建设性的力量的观点，提倡要从积极的角度对人的心理现象进行解读[1][2]，认为积极心理本身就可以预防和治疗心理问题，人类可以凭借自身的力量来抵御精神疾

病[3][4]。其内涵可以从以下三个方面分析：

1. 从主观层面分析，积极心理学倡导构建个体的积极体验。积极体验是指个体对过去、现在和未来的一种满意的心理状态，主要情绪体验为满足、快乐、幸福等。这种积极体验能促进个体的思想与行为模式的改变，促进个体美德的发展，让个体鼓起生活的勇气和力量，进而使个体拥有主观幸福的体验。

2. 从个体层面分析，积极心理学重视个体积极人格的形成。积极人格是指个体一贯地从积极的角度对事件做出解释的人格，包括乐观、豁达、宽容、毅力、勇气等。个体一旦形成了积极人格，就可以持续地从积极的角度对事情做出解释，这种积极的解释久而久之会内化为个体稳定的心理，进而促使个体产生积极的行为。

3. 从集体层面分析，积极心理学强调建设积极的组织系统。家庭、学校和社会等都是组织系统的组成部分，积极心理学尤其强调要建设积极的组织系统，认为积极的组织系统的建立有助于人的主观幸福感的形成和提高，能够促进人的积极力量和积极品质的培育和发展，能够运用积极的制度、积极的教育培养个体积极的人格[5]。

积极心理学与传统心理学的思路和模式是完全不同的。传统心理学的模式是病理模式，主导思想是消极悲观的。积极心理学提倡用积极乐观的方式来研究人格，倡导快乐幸福的积极体验，重视开发个人的心理潜能，强调培养个人的积极品质来预防心理问题的产生，主导思想是积极乐观向上的。它的研究理念已经对高校心理健康教育产生了重大影响，但在目前的大学生心理危机干预中还运用较少。如果能够科学运用，积极心理学必将在高校心理危机干预工作中发挥重大作用，大大降低大学生极端心理危机事件发生的概率。

三、积极心理学在大学生极端心理危机干预中的意义和价值

作为新时代背景下当代心理学领域出现的新思潮，积极心理学对高校大学生极端心理危机干预实践有着重大的意义和价值。

从主观体验看，积极心理学有利于引导大学生积极心理认知和积极情绪的养成及保持。积极认知是在积极心理学视角下的认知过程，是个体在一定程度上对未来抱有积极预期的思维过程。大学生对自己和外部环境的积极认知是其积极行为、稳定的情绪情感和健康人格等积极心理产生的基础。乐观的态度、高自我效能感和对生活持有稳定的希望感是积极认知方式下三种典型的以预期观点为基础的积极思维方式。这三种积极思维方式都倾向于个体的认知能力，与个体情绪体验产生和行为结果的评价高度相关。当个体形成对自己的积极认知时，个体会更加健康、积极、乐观、自信。将积极心理学运用于大学生心理健康教育实践，引导并训练其养成积极的解释风格，有助于培养他们积极的认知方式，并能够以积极、乐观的心态看待各种困难对个人成长的积极意义，减少心理资源的损耗，从而有效促进积极心理的发展。此外，积极的内心体验即积极情绪，能促进积极的认知过程，"会产生不同寻常的思考、灵活和创新的学习，对新知识的接纳变得更加敏感"[6]。将积极心理学运用于高校心理健康教育，是发展大学生健康人格和积极品质的最佳途径。大学生的心理问题主要表现为各种对自己及所处环境的负性评估和与此消极认知匹配的消极情感。将积极心理学运用于心理健康教育实践，可以帮助大学生学会以积极的认知理解和面对自己所处的环境，产生积极的情感和主动的行为，让他们处于一种愉悦、放松的心境状态，通过自己主动的努力，产生有效的符合自己和社会期望的行为结果，最终发展出积极人格。

从个体层面看，积极心理学有利于引导大学生培养积极人格特质，开发智慧与创造力。积极心理学认为每个人身上都存在积极的和消极的两种力量，"个体有可能选择自己给哪一股力量不断注入新的能量，给哪一股力量创造适宜的生存心理环境"[7]。积极心理学框架下的心理健康教育旨在协助学生能觉察和决定自己的选择。赛里格曼提出个体积极人格特质由主观幸福感、乐观、快乐、自我决定、好奇心和创造的勇气等构成，后演变为积极品质，包括6种美德、24种积极力量。积极人格作为人格中的核心动力，调节着人的认知、情感、意志行为、兴趣、能力、性格等，决定着个体思想、情感和行为方式的积极取向，不仅可以预防消极人格的破坏作用，维护心理健康，还能促进工作和学习绩效，提升个体主观幸福感。不少发生心理危机的大学生身上拥有许多积极的品质，诸如较强的爱心和责任感、较强的独立性、较强的自我意识和自尊等，但却因认知偏差带来的自卑、抑郁与焦虑等许多负面情绪，强化了消极的人格特质，遮蔽或弱化了内在积极的人格特质。因此，将积极人格理论和成果运用于高校心理健康教育实践，将重心放在激发和培养大学生积极的人格上，有助于拨开大学生心中消极观点的迷雾，发现并利用固有的、潜在的积极力量和美德，培养其自信、乐观、积极向上的特质，帮助其发挥潜能与优秀品质，使之成为真正健康并生活幸福的人。

从群体层面看，积极心理学有利于引导、促进大学生人性发挥的积极支持系统建设。积极心理学认为，人的发展体现在个体成长所处的环境中，"环境在很大程度上影响了人，个体良好的环境适应能力也是一种积极的心理品质"[8]。积极心理学注重研究积极的社会组织系统，即指在群体层面上研究造就人类幸福的环境条件及影响因素。这些组织系统既包括国家制度、健全的法律法规和政策等宏观层面的大系统，也包括积极健康的社区、关系融洽的学校、有社会责任感的媒体、和睦团结的家庭氛围等中观层面和微观层面的小系统。这些组织系统可使个人更具有利他行为、社会责任感，以及宽容、仁慈等品质/品格和爱的能力等，更有利于形成个体积极品质。将积极心理学引入大学生的心理健康教育实践，有助于教育者更深刻地理解和评价高校大学生，有效协助他们构建新的认知体系，积极塑造更加和谐健康的育人环境，形成大学生健康成长的积极支持系统。

四、积极心理学理念指导下大学生极端心理危机的干预途径

积极心理学重视人自身的积极因素的开发，主张通过激发人内在的积极力量和优秀品质来解决自身面对的各种问题，这与目前心理学界倡导的预防性心理危机干预的指导理念是完全一致的。因此，以积极心理

学的理念为指导，开展大学生极端心理危机干预具有重要的现实意义，可以从以下几个方面着手：

1. 营造积极向上的校园文化氛围

著名社会心理学家勒温认为人和自身所处的情境相互作用，共同影响着人的行为。一个人所处的环境对他的行为会产生重要的影响。积极心理学也认为，积极的社会组织系统，包括良好的社会、家庭、学校等，能影响一个人积极人格的形成和积极情感的产生。这种积极的人格和情感是克服心理障碍的重要力量。因此，高校要注意营造积极向上的校园文化氛围。

营造积极向上的校园文化氛围，首先，要建设良好的班风和校风。健康、和谐、向上的班集体对大学生的心理成长具有重要作用，可以使大学生感受到温暖和关爱，获得积极的情绪体验，形成以积极的心态对人、对事、对己的习惯，从而塑造积极的人格。其次，要开展丰富多彩的大学生课外活动。形式多样的校园文化活动、社会实践活动和社区服务活动，能满足学生精神和心理上的需求，为大学生展示个性和特长、释放潜能提供机会和平台，有助于大学生的自我实现。再次，要重视校园基础设施建设。美好的环境能使人产生美好的情绪，有利于身心健康。校园内的各种基础设施包括图书馆、食堂、教室、宿舍、操场等都是大学生学习、生活的外在条件，能在潜移默化中影响大学生品格和情操的培养，因此必须重视校园内基础设施建设，为大学生的健康成长创造良好的硬性条件。最后，要积极开展正面的宣传教育。要利用各种宣传媒体，包括广播、网络、橱窗、横幅、展板等，开展多渠道、多形式的正面宣传，大力宣传和弘扬典型人物的积极心态和正面情绪，在无形中将积极向上的情绪传递给学生。

2. 构建完善的社会支持系统

积极心理学强调积极社会组织的作用，认为积极的社会组织，包括朋辈、家庭、学校、社会环境等，在个人积极力量的发挥和积极品质的培养过程中发挥着重要的作用，因此要重视各类社会组织的作用，构建起更为完善的社会支持系统。

　　大学生在大学期间的人际交往圈是其社会支持系统的重要组成部分，在大学生心理危机干预中具有重要作用。良好的人际关系往往可以帮助大学生缓解心理压力，克服心理障碍，防止极端心理危机事件的发生。除了班级、宿舍同学之间的交往，学校还可以建立一些学生互助组织来促进大学生之间的人际交往，如可以设立心理俱乐部，提供朋辈心理辅导。相比教师，朋辈心理辅导员本身就是学生，与学生相似度高，更容易获得大学生的认可，当大学生们遇到难题时，朋辈心理辅导员可以及时给予帮助，缓解他们孤独、寂寞、无助等情绪，促进他们的心理健康发展。

　　良好的家庭环境对学生积极品格的养成非常重要。家庭氛围平等、民主、自由、向上的孩子更容易养成积极、乐观的品格。拥有乐观、积极品格的学生在遇到问题时，不容易悲观绝望，也能够更多地寻求支持和帮助。在日常生活中，父母也应多给予孩子支持，包括精神的、物质的、具体事务上的支持，使孩子深切感受到家人的关心、理解和支持，从而增强他应对心理危机的力量与信心。

　　学校在大学生心理危机干预中也起着重要作用。积极向上的校园文化氛围、便捷的高质量的基础设施等，是学生开展心理健康类活动的条件。此外，学校要积极组织学生参加各种各样的实践活动，让学生通过实践活动体验爱与责任，收获感恩与幸福，从而培养学生良好的心理品质。

　　从社会环境来说，生活在其中的大学生时刻在感受着来自社会的政治、经济、文化等发展变化产生的不利影响，比如就业的压力、社会地位的不平等、贫富差距的扩大、中西方文化的冲突等，这些无疑会降低学生体验到的生活的幸福感。因此，要从完善社会福利制度和保障制度、打造有序就业市场、降低失业率、缩小贫富差距等方面进行改革，努力营造和谐、公平、有序的社会环境，让生活于其中的大学生体验到社会制度的优越，体验到生活的幸福。

　　3. 开展职业生涯规划教育

　　当前大学生极端心理危机事件仍时有发生，与一些学生缺乏学习的目标和动力，整日上网游戏，浑浑噩噩度日，一旦压力到来（如考试、就业等），又茫然无措，自责内疚，寻求不到解决问题的办法等不无关联。如果能为这部分同学及时树立目标，使他们拥有学习的动力，掌握应对压力的办法，将极大地减小极端危机事件发生的概率。职业生涯规划教育正好与此要求相契合，也是我们实施积极心理学的重要载体之一。

职业生涯规划是个人对未来职业的选择和发展所进行的规划，也是积极心理学实施的重要载体。职业生涯教育不仅能为大学生的职业发展指明方向，为他们树立新的学习目标，也能促使学生认识自己、了解自己，学会扬长避短，发挥自己的优势和内在力量，增强自己的抗压能力，树立自信。从这个意义上讲，职业生涯规划教育本身就具有积极心理学意义。

在积极心理学理论指导下开展职业生涯规划教育：首先，要指导大学生全面认识自己。可以指导大学生进行职业访谈和职业测评，来充分了解自己的兴趣、性格、气质、特长、能力、学识水平、思维方式等，从而为后面的职业规划奠定基础。其次，职业生涯规划教育要与大学生的自我意识教育、人际交往教育、情感管理教育、学习压力应对教育等结合起来，锻炼大学生各方面的能力，培养其社会责任感，优化其心理素质。再次，要重视开展职业心理咨询，当大学生在学习和就业过程中遇到困惑时，能及时通过咨询获得其辅导和帮助，并能够为其释疑解惑，使其正视现实、释放压力，积极乐观地面对未来。

4. 加强心理健康教育课程建设

传统的心理健康教育课程关注的是如何发现、诊断和治疗心理问题，而忽视对学生健康心理的培育，无法从根本上解决大学生的极端心理问题。只有既考虑治愈学生的心理疾病、解决学生的心理问题，又教会学生如何发挥个人潜能、积极面对问题、充实快乐地生活的心理健康教育才能从根本上解决问题[9]。而增进个人的主观幸福感，发挥个人的潜能，这正是积极心理学的基本理念。在积极心理学理论指导下开展的心理健康教育课程，是"在继承和整合积极心理健康、积极心理治疗、积极心理学、积极教育诸方面思想和实践的基础上，形成的以积极和发展为取向，有目的、有计划地增进学生心理健康的理论和实践体系"[10]，其重点是关注全体学生的积极心理品质的形成。在积极心理学理论的指导下，学校心理健康教育课程要面向全体学生，以塑造学生的积极人格为核心。在课程教学中，要采取符合学生心理特点的教学内容和方式，摒弃以"发现治疗"为主的教授方式和知识体系，要避免病理案例分析等传递的负面信息，帮助学生获得积极的体验，养成乐观的心态，塑造积极的人格。在课堂教学之外，要积极开展各种丰富多彩的实践活动，通过"在学科中渗透、在活动中体验"的方式，调动学生的积极性，使大学生学会控制自己的情绪；通过树立励志典型传递正能量，引导大学生向身边的榜样学习，形成积极进取的生活态度；通过组织开展心理知识讲座、心理话剧比赛、生活情感交流会等活动，让学生在参与中完善人格，提升心理素质。

5. 完善大学生心理健康教育的内容

高校的心理健康教育应该开展哪些内容，教育部的相关意见中早已做出了明确的规定。然而，国内的众多研究成果仍然以消极心理学模式下的研究范式为主，以关注问题的成因、对策、因素等方面的研究为主，并且大多停留在问题的描述层面。因此，从某种意义上说，心理健康教育内容的枯竭化已经成为制约心理健康教育工作发展的主要障碍。大学生心理健康教育以积极心理学为指导，需要在原有教育内容的基础上，增加培养学生的积极主观体验、积极人格塑造等积极方面的相关内容。以往的理论和实践证实，具有积极观念的人的耐挫力、抗压能力及自我调节能力往往要高于一般人，他们也总能够更轻松、从容地面对挫折和困境。因此，大学生的心理健康教育应该借鉴积极心理学的思想对自身的内容进行丰富：可以通过营造积极的课堂环境、变化不同的课堂形式，让学生在积极的氛围中体验快乐幸福，培养自我的道德感、乐观向上的生活态度、健康的审美情趣等积极人格品质；注重引导学生用积极的态度对心理现象做出正面的解读，积极应对各种心理问题和心理危机；注重对学生潜能的开发，如通过开设职业生涯规划课、音乐欣赏课、文明礼仪课等，帮助学生挖掘自我潜能、实现自我、优化人格品质以促进其全面发展。

6. 积极拓展大学生心理健康教育的路径

心理健康教育的方法取决于心理学对人性的认识，取决于教师对心理健康教育目标及内涵的理解。当前存在着这样一种普遍的观点，即心理健康教师应该承担学生心理健康教育的全部工作。这种狭隘的认识忽视了心理健康教育与其他教育学科之间的内在联结，致使开展心理健康教育工作的途径比较单一，使得心理健康教育工作并未发挥出它应有的作用和价值。大学生心理危机干预应该是一项复杂、系统的工程，它需要集中社会、学校及家庭等各方面的力量，多途径、多角度为学生成长成才保驾护航。因此，我们要充分利用资源，拓展心理健康教育的途径和方法。从教育者的角度来说，教育者要通过多种渠道向学生渗透积极心理的理念，如团体辅导、心理剧表演、心理健康主题班会、心理征文比赛等，使学生去体验各种情绪情感，去分析思考，去完善自我，引导学生发展积极的心理品质。从心理健康教育工作本身来说，心理健康教育工作与学校其他的教育工作是一个有机整体，不能割裂开来。应充分挖掘心理健康教育的丰富资源，将心理健康教育渗透到各门学科当中，整合利用各种资源要素，提高心理健康教育的效能。

总之，研究如何激发大学生的心理潜能，帮助大学生形成积极的心理品质，一切以"积极"为出发点，用积极的眼光认识世界，用积极的态度体验人生，用积极的行为改造自己，用积极的情感体验去激发力量，用积极的文化去塑造人生[11]，是长久、有效预防大学生极端心理危机的重要途径。如何以积极心理学的理念为指导，不断寻找科学、合理的方法来预防大学生极端心理危机事件的发生，是今后一段时间内需要不断深入探究的重要课题。

大学生极端心理危机
研究概述

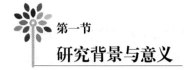

第一节
研究背景与意义

一、研究背景

（一）国家对人才培养提出更高要求

党的十九大报告提出中国特色社会主义进入新时代，这是我国新的历史方位，意味着我国社会主要矛盾发生了新变化。我国高等教育发展现状的问题正是其生动体现。这一阶段中，我们解决了"有学上"的问题、大学和学科发展与世界一流水平的差距问题、东部地区发展的问题。然而，"上好大学"的问题、不平衡的问题、中西部地区发展不充分的问题又出现了……解决这些矛盾，最重要的就是要下力气实现"高等教育内涵式发展"。

十八大提出"推动高等教育内涵式发展"，十八大结束之后，全国各地围绕"内涵式发展"，大力提高教育质量，并取得了一定成效。如今，党的十九大报告将"推动"提升为"实现"，这是从柔性到刚性的变化，是高等教育发展方式的升级换挡，也是面对当下个别高校思想还停留在外延式发展的思路上，还在纠结于规模扩张、校名更改、土地扩大、层次升格，还没有适应发展方式换挡要求的背景下的一个必然要求。"提高人才培养质量"是习近平总书记对教育工作的一贯要求，既要培养拔尖创新人才，又要使广大学生都有本领、个个出彩。高等教育要满足人们、满足社会多样化发展的要求，这就要实现教育质量分层。

也就是说，高等教育的内涵式发展，避不开素质教育，要依靠素质教育，促进人的全面发展，以"立德树人"为根本任务。习近平总书记提出，素质教育是教育的核心。要使学生的思想道德素质、科学文化素质、专业技能素质和身体心理素质全面提高，德智体美劳全面发展，在个体素质提高的基础上实现民族素质的提高。

我国根据国家与世界发展趋势，不断更新制定政策文件，促进高等教育的高质量发展，进一步提高对大学生身心健康发展的重要性的认识。《中国教育现代化2035》提出了推进教育现代化的八大基本理念：更加注重以德为先，更加注重面向人人，更加注重因材施教，更加注重终身学习，更加注重全面发展，更加注重知行合一，更加注重融合发展，更加注重共建共享。2017年12月教育部颁发《高校思想政治工作质量提升工程实施纲要》，提出"三全育人"十大育人体系，增加了心理、网络、资助三大体系，并将"教书育人"更改成"课程育人"，进一步丰富完善了"三全育人"的整体布局。至此，"心理育人"确立了其作为"三全育人"格局下十大育人体系之一的重要地位。2018年教育部党组印发的《高等学校学生心理健康教育指导纲要》中指出，要坚持育心与育德相统一，"更好地适应和满足学生心理健康教育服务需求，引导学生正确认识义和利、群和己、成和败、得和失，培育学生自尊自信、理性平和、积极向上的健康心态，促进学生心理健康素质与思想道德素质、科学文化素质协调发展"。

（二）社会现实对大学生产生了心理冲击

正处于转型时期的中国，在社会主义现代化建设进程不断推进的过程中，在知识经济时代到来的压力下，社会竞争日趋激烈，生活在象牙塔中的大学生们也受到了巨大的冲击。大学生是社会中高文化素质的特殊群体，整个社会对他们抱有很高的期望，他们的言行举止为社会广泛关注；他们是现代化建设的主力军，他们的思想和行为状况在很大程度上关系着国家的前途和命运。因此，大学生的培养和教育是全社会都应该关心的问题。总体上说，当代大学生是一个有理想、有知识的群体，思想道德素质状况主流是健康向上的，而且能够与变革中的时代要求相一致，新世纪的当代大学生是值得信任的，也将是大有作为的。但现实社会的发展的确给大学生带来了心理上的冲击。自全国恢复高考制度以来，中国高校扩招速度之快，已超过国内任何行业的发展，进入国际公认的大众化发展阶段。伴随着改革开放和社会急剧变化带来的中西文化碰撞交合，以及互联网时代的发展，多元文化价值观念及人生态度进入大学校园，部分大学生的思想和行为陷入了困扰、冲突和混乱的状态。大学生关爱他人、服务社会的意识相对缺乏，心理承受能力相对低下，自私冷漠、唯我独尊、我行我素的态度和行为与日俱增，心理状态失衡越来越普遍，由此而引发的大学生自杀、杀人、自残、自毁等无视生命的极端心理危机事件也日益增多。学业、就业、生活、人际关系等实际压力已成为摆在大学生面前而不得不去面对的严峻问题，这些无法摆脱的压力，在一定程度上使得大学生的心理负荷加大。大学生本身缺乏有效的应对方式，如果不对其进行正确的引导，就很有可能出现心理危机事件，甚至酿成人间悲剧。大学生自杀事件屡屡见诸报端是摆在我们面前的不争事实，大学生杀人事件数量及其恶性程度不断上升，不仅严重危及了校园正常的教学秩序，危及了学生的生命和财产安全，也引起了社会各界人士的普遍关注。这不仅对大学生家庭，也给社会带来了巨大的负面影响。

（三）积极心理学及其应用研究兴起

20 世纪下半叶的心理学研究集中于抑郁、暴力、种族歧视和儿童在逆境中成长等主题，注重的是对"消极心态"的改善，很少涉及快乐、幸福等较为积极方面的研究。这也就意味着，它可以使痛苦从 10 分减成 0 分，但无法使快乐从 0 分升到 10 分。这样的研究趋向可能与"二战"时期人们遭受的巨大战争创伤有关。但进入 21 世纪之后，和平与发展成为世界的主题，这一时期的社会就会特别关注个人和集体等社会共同体的一些创造性和高质量的积极品质。积极的健康教育成为当今生活水平提高后的个人的一种内在需要，它的最终归宿着眼于使个人和集体的生活获得更多的幸福和成功。积极心理学应运而生。其本质是提倡积极的人性观，以人为本，受教育者在教育者的人文关怀下，自身潜力得到不断发挥，从中体验幸福和成功带来的喜悦。因而积极心理健康教育的出现刚好回答了教育工作者长久提出的问题——"什么样的健康教育课程对学生全面健康发展是有效而可持续的，它应该具有什么样的特征"[12]。

积极心理学满足了当今社会发展的必然要求，它具有的明显的积极特征和时代特性，决定了其理所应当成为各国教育系统竞相模仿的主流和趋势。以美国为代表的西方发达国家在这方面成绩突出，尤其是积极心理健康课程作为开展这项工作和确保学生形成积极健康素养的基本保障，具有十分独特和核心的作用。我国积极心理健康教育已形成初步的模式和体系，在理论和实践应用方面积累了一定的研究基础，近年来呈热潮趋势，拓展了我国大学生心理健康教育的视野[13]。

二、研究意义

（一）理论意义

积极心理学健康教育具有积极的意义。

1. 促进心理健康教育目标与功能的整合

传统的心理健康教育工作以"问题"研究为核心，教师将学生身上所存在的问题当作其教育工作的出发点和落脚点。这种方式使得不论是有问题的学生还是没有问题的学生都更加关注自己消极的一面。学业不顺、发展受阻、就业无门、恋爱受挫、人际冲突、经济困难等都是消极负面性事件，长期积聚就会引发自杀或者杀人犯罪等极端危机事件。如果仍然以解决问题为核心，虽然能够取得及时有效的效果，但忽视了大学生自身的长远发展。如果只将学生当作病人进行治疗，长此以往，学生就会形成一种消极的思维定式，看不到自己的积极品质。因而，心理健康教育的目标应该以大学生身上的积极方面为重，不能只为了治疗而治疗，要逐渐挖掘学生身上的积极力量。应倡导对人积极方面的研究，注重对积极品质的培养，将心理健康教育的目标整合为积极与消极共同关注，使得心理健康教育更好地发挥其功能，使得人们获得更多的积极力量，提升生活幸福指数。

2. 深化了心理健康教育的内涵

传统心理健康教育将心理健康问题分为两大类：一类是有心理问题的，另外一类是没有心理问题的。心理健康教育方式过于被动和消极，单纯将心理问题看作一种疾病治疗。而积极心理学认为应当激发人的积极情绪和情感，培养人积极的人格和力量，如幸福感、乐观等都可以作为心理是否健康的测量指标，以此来进行心理危机干预，这无疑深化了心理健康教育的内涵。

3. 拓展了大学生心理危机干预的途径

积极心理学倡导多元化发展心理健康教育，因而大学生心理危机干预途径可以更加多样化。例如可以将心理危机干预内容渗透到相关课程之中，如思想政治课程和心理健康教育课程，同时将心理健康教育工作与学校其他工作交织融合，全方位开展协同工作，通过营造良好的环境和氛围开展干预，以积极心理学为指导构建心理危机干预机制和预警系统等。途径得到进一步拓宽，其道路必然越走越长远[14]。

（二）现实意义

近年来，大学生自杀事件、伤人事件等心理危机事件时有发生，并呈现出逐年上升的趋势，给家庭、学校和社会都带来了重大损失。大学生心理危机事件有着突发性和紧急性的特点，需要及时应对，同时许多心理危机事件暗含了危险性和传染性，不仅会给学生学业带来影响，也会给生活、人际关系、大学生生命、校园环境及社会安定带来负面影响。一旦心理危机事件发生，往往会造成连锁反应，使得有心理危机倾向的大学生进行模仿，造成不可估量的严重后果。因而，本书在积极心理学视野下探索大学生极端心理危机的影响因素与干预机制具有重大现实意义。

1. 为大学生极端心理危机的解决提供新视角

我国各大高校心理健康教育近年来取得了较快的发展，但高校心理健康教材涉及心理危机内容的较少，以积极心理学理论为指导开展危机预防与干预的研究内容更少。对积极心理学进行研究，有助于解决在现实生活当中遇到的各种心理问题，逐渐将心理学与人们的现实生活联系起来。开展积极心理治疗理论研究是心理健康教育的一种新尝试，与以往从消极的一面看待解决问题的方法/途径不同，积极心理学能够为心理治疗寻求更好的理论及方法，为人们提供一种新的方法理念去解决在当前社会中所遇到的问题。

2. 增强大学生心理健康教育针对性和实效性

大学生正处于身心发展的关键阶段，易受到各种因素影响而发生心理危机事件，一些心理危机事件造成的后果往往是灾难性的。因此，有必要对大学生心理危机事件的根源和干预对策进行研究。本书在对大学生心理危机事件现状进行系统性分析的基础上，以积极心理学为指导，针对大学生心理危机事件成因及干预对策展开深入研究。调查研究影响大学生心理危机事件的主要因素，探讨积极心理学视域下大学生心理危机预防和干预的新方法和新途径，提出针对性的、具体的干预策略，为高校应对大学生心理危机事件提供有价值的参考，从而提高干预的有效性和科学性。以积极心理学的视角去研究大学生心理健康教育，可以为培养学生的积极人格品质提供帮助，为大学生心理健康教育打开一扇窗。这些积极的品质相较消极品质更能促进学生的发展，使其不断适应社会和时代的发展需求，在时代发展的重压下能够积极地应对，面对挫折也能用积极思考指引方向、指导实践。

促进多元主体共同关注大学生心理健康教育问题。关注心理问题是培养健全人格的前提，大学生是国家未来建设和发展的重要力量，大学生的心理健康问题是全社会需要关注的问题。本书研究的另一目的在于有效呼吁社会、高校、家庭及法律界积极关注大学生心理危机事件，扩大大学生心理危机事件的研究范围，深度研究"挖掘"，各方共同采取有效措施，防患于未然，以此来保证大学生身心的健康发展。"什么是幸福"及"好的生活是什么"等这一类问题，有助于对积极情绪与积极品质的研究，有助于帮助大学生揭示生活的奥秘，对大学生的健康发展、良好校园环境的构建、保持社会的和谐稳定、生活幸福感的提高，以及生活质量评价体系的充实与完善等方面都有着积极的现实意义。

第二节
大学生心理危机研究文献统计分析

当前社会发展迅速，环境日益复杂，给大学生带来越来越大的压力，部分大学生难以适应压力和复杂的环境，出现了各种各样的心理危机。有研究表明，20世纪80年代中期，我国23.25%的大学生有不同程度的心理障碍，90年代上升到25%，近年来在校大学生出现心理障碍倾向的人数占学生总数的20%~30%[15]。这不仅影响着大学生的身心健康，同时也会给社会、学校和家庭带来不可估量的损失。如何有效解决大学生心理危机成为学校和社会关注的焦点，也是学者们研究的热点。近年来，围绕大学生心理危机出现了大量的研究成果，这些研究成果的研究层次如何，目前主要的关注点是哪些，未来的发展趋势如何，都需要进一步梳理。因此，笔者拟对近20年有关大学生心理危机的研究成果进行计量分析，并在此基础上，对有关大学生心理危机的研究现状和发展趋势进行分析，以期为大学生心理危机的深入研究提供参考。

一、大学生心理危机研究文献分析

1. 大学生心理危机研究的成果统计

一个领域的论文发表数量及增长情况是衡量该领域发展情况的重要指标之一，为了总结20年来我国大学生心理危机研究的整体状况和主要观点，笔者在中国知网中对大学生心理危机研究的相关文献进行了检索。为了确保数据的准确性，前期多次进行预检索，在此基础上，2019年1月23日登录中国知网，进行最终数据检索。检索范围为CNKI期刊数据库和博硕论文数据库，检索条件设定为"篇名"，分别以"大学生"and"心理危机"、"高职"and"心理危机"、"大专"and"心理危机"、"高校"and"心理危机"为检索词进行检索，时间范围、学科范围不限。

后经过手工筛选去重，除去重复文献、会议通知、研究机构介绍等，最终获得有限文献 1564 篇，其中博硕论文 47 篇、期刊论文 1517 篇。将这些文献按照所属年度进行归类，可以清楚看出年度论文分布情况（见表 1-1）。

表 1-1　大学生心理危机研究论文年度统计表

篇

年度	论文数	年度	论文数	年度	论文数	年度	论文数
1999	1	2004	13	2009	102	2014	131
2000	1	2005	28	2010	150	2015	138
2001	2	2006	48	2011	157	2016	117
2002	2	2007	80	2012	129	2017	115
2003	1	2008	98	2013	145	2018	106

　　结合检索的结果，从论文发表年度统计表上可以看出，大学生心理危机的研究整体上呈现一个递增的趋势。笔者也尝试对 1999 以前发表的论文进行检索，检索结果为 0，因此，1999 年发表的论文应是该领域第一篇公开发表的论文。随后一直到 2003 年，这方面的研究基本上处于停滞状态，研究成果不多。2004 年以后，大学生心理危机的研究才开始出现缓慢增长态势，2011 年达到历史高峰，之后一直是研究的热点领域。从表 1 中看，2016 年后发文数量开始稍微下滑和波动，但 2016 年到 2018 年年均发文量仍在 110 篇以上，仍然属于高热度。目前，大学生心理危机的研究处于较高位运行时期。

　　2. 大学生心理危机研究的阶段划分

　　以表 1 中统计的年度发文量为依据，笔者将大学生心理危机的研究分为以下三个阶段：

　　第一阶段是 1999—2008 年。这一阶段大学生心理危机研究主要集中在"大学生""危机干预""预警系统"等方面，每年发表的相关论文数量都在 100 篇以下。这一时期是研究的萌芽起步阶段。这个阶段大学生极端心理危机事件的相对频发，引起了国家和社会的广泛重视。2005 年 1 月，教育部、卫生部、共青团中央共同颁布了《关于进一步加强和改进大学生心理健康教育的意见》（教社政〔2005〕1号），为心理健康教育工作的进一步深入开展提供了指导，广大学者也纷纷将目光转向大学生心理危机干预领域，开始探讨和研究大学生心理危机的干预策略和预警系统。结合文献资料，可以看出这一阶段的研究主要采用经验总结和理论思辨的方法，重在从宏观层面指明大学生心理危机干预的意义、成因和策略。

第二阶段是2009—2015年。这一阶段研究的重点主要在于"高校辅导员""自杀""成因""体系"等方面。相比前一时期，这一时期公开发表的研究论文大大增加，平均每年发表文章数量在135篇以上，是研究的快速攀升阶段。鉴于大学生心理危机事件的持续发生，国家越来越重视大学生心理健康教育工作，2011年教育部下发了《普通高等学校学生心理健康教育工作基本建设标准（试行）》。不少研究机构和学者加入了对大学生心理危机干预的研究，开始尝试从微观层面更细致地寻求大学生心理危机的成因，或者就某一种心理危机如"自杀"等进行针对性的研究，进而构建大学生心理危机的干预体系。同时，高校辅导员在大学生心理危机干预中的作用日益凸显，不少文献开始讨论如何发挥辅导员在大学生心理危机干预中的作用。这一时期，研究方法开始转向案例研究、问卷调查、量表测量等，以实证研究方法居多。如苏斌原选取生活压力事件、精神病前驱症状、精神障碍等8个具有代表性的自杀风险因素，对大学生心理量表普查数据进行了分析[16]。顾凡运用问卷调查法，研究了贫困大学生和非贫困大学生在心理健康、自尊水平、应对方式、人格特征和主观幸福感等5个方面的差异性[17]。

第三阶段是2016—2018年。这一阶段的研究转向"高职院校""心理危机""积极心理学""微博"方面。这一时期是研究的平稳发展阶段，在经历了前一阶段的迅猛发展后，这一阶段相对比较平稳，每年发表的论文数量略有回落。研究者的视野逐渐扩大，研究对象从一般的本科院校扩展到高职院校和独立学院，研究思路从单纯研究大学生心理危机的成因和干预策略到借鉴其他研究范畴如积极心理学、新媒体来进行扩大研究，逐步展现出跨学科和跨领域研究的趋势。

二、目前大学生心理危机研究的分类和未来趋势分析

在对有关大学生心理危机的文献资料进行分析的基础上，笔者将大学生心理危机的研究归纳为三类：大学生心理危机基础理论研究、大学生心理危机专项研究、大学生心理危机多元化研究。

（一）大学生心理危机基础理论研究

从 1999 年最初的研究开始，研究者一直关注大学生心理危机的基础理论研究，这也是其他有关研究的基础和前提。有关的关键词有"大学生""心理危机""原因""影响因素""现状""应对方式""预防""预警体系""干预机制"等。基础理论研究主要包括大学生心理危机的内涵、特点、分类、形成原因、预警系统和干预模式的构建等。

不少研究者对大学生心理危机的内涵进行了深入的研究，形成的一致看法是：大学生心理危机，是指当大学生受到一些突发事件的刺激或面临巨大困难时，由于所面对的困难情境超过了他解决此类问题的能力而引发的暂时性的心理失衡状态[18]。张艳霞从布拉默的应用危机理论出发，将大学生心理危机分为发展型危机、境遇型危机、现实存在型危机和人格型危机[19]。有关大学生心理危机的成因，学者们也进行了探究：段鑫星将大学生心理危机的影响因素概括为应激源因素和易感因素两大类[20]；赵鑫将大学生心理危机的成因概括为人生价值观的混乱与冲突、人际交往适应不良、自我控制能力欠缺、教育的缺失、社会支持系统的缺乏等几大类[21]。

对大学生心理危机的预警系统和干预机制的构建，研究者也给予了足够的关注，出现了不少的研究成果。如陈香[22]、吴英[23]等将大学生心理危机预警机制分为 4 个环节，即完善组织结构、确定预警对象、建立预警指标体系、评估预警信息；马喜亭等梳理归纳了大学生中可能出现的心理危机信号和征兆，并按照严重程度将心理危机划分为三个级别，构建了三级干预模型[24]；卢勤提出建立动态的心理危机数据库，建立自

我干预模式、同辈干预模式、后干预模式，形成个体—学校—家庭—社会生态系统的危机预防与干预模式[25]；甘霖从危机干预理论出发，提出了建立五级联动网络，整合心理危机干预资源，强化大学生危机应对能力，创新心理危机干预形式等心理危机干预策略[26]。

（二）大学生心理危机的专项研究

大学生心理危机的研究从 2004 年开始，研究思路更加开阔，研究内容更加具体和细致，研究者开始对不同的实施主体、研究对象、心理危机类型开展针对性的研究。

第一，探讨心理危机干预的不同主体的作用的发挥，如开始探讨辅导员、班主任、心理咨询师、教师、政工干部等在大学生心理危机干预中的作用和方式。有关的关键词有"辅导员""班主任""教师""政工干部"等。如刘韵指出高校辅导员可以通过识别确认心理危机、转化应激事件影响、增强校内外干预合力、建立动态干预档案、监控记录干预过程等来有效干预大学生心理危机[27]；陈新星也指出辅导员在大学生心理危机预防工作中具有显著优势，辅导员要抓好教育活动和帮扶工作，从而有效预防大学生心理危机的发生[28]。

第二，关注某些特殊的大学生群体的心理危机。如关注贫困大学生、女大学生、少数民族学生、毕业生、90 后、研究生等的心理危机。有关的关键词有"贫困生""女大学生""民族学生""学生干部""毕业生"等。如向欣分析了贫困生面临的各种压力，以及由此产生的心理问题，指出社会、学校、家庭、贫困生自身等需要协调努力来预防和干预贫困大学生的心理危机[29]。

第三，研究大学生中出现的一些特殊的心理危机，如极端心理危机和极端行为，包括自杀、凶杀、就业心理危机、交往心理危机、突发事件心理危机等。有关的关键词有"自杀""极端心理危机""极端行为""就业心理危机""灾后心理重构"等。如李亚敏等对相关文献资料进行统计分析，发现影响大学生自杀意念产生的因素主要有性别、人格特征、精神症状、负性生活事件、人际关系、家庭关系、消极应对等[30]；吕途等对大学生极端行为的特征和成因进行了分析，指出了大学生极端行为的预防途径/措施，即建立心理健康教育工作的网络与体系，加强生命教育与死亡教育，健全心理辅导机构，营造良好文化氛围，建立校园心理危机干预的预警系统[31]。

（三）大学生心理危机的多元化研究

从文献资料来看，大学生心理危机研究从 2003 年开始尝试借助其他学科的理论、方法来开展。

第一，结合新的理论进行研究，如结合积极心理学、心理咨询理论、心理弹性理论、心理应激理论、社会支持理论、系统论来进行研究。有关的关键词有"积极心理学""心理弹性""心理咨询""心理应激""社会支持"等。如谢念湘等从积极心理学理念出发，探讨了如何培养大学生积极的认知、情感和心理品质，为高校心理危机预防与干预工作提供了指导和借鉴[32]；宋凤宁等在大学生中开展心理调查和量表测量，发现心理弹性在部分人格因子和心理危机的关系中起中介作用。从而得出结论：健全大学生人格，提升其心理弹性，是预防大学生心理危机的重要手段[33]。

第二，借助新的载体进行研究，如利用新媒体、"互联网 +"、大数据、思想政治教育等来开展研究。有关的关键词有"大数据""新媒体""思想政治教育"等。如张家明等在大学生心理危机干预中设计了大数据分析系统，利用大数据来预测学生心理行为趋势，提高高校心理危机管理的实时性和有效性[34]；田喜在其硕士论文中将思想政治教育和大学生心理危机相结合，论述了思想政治教育在大学生心理危机各个阶段的干预途径[35]。

第三，挖掘干预大学生心理危机新的方式方法，如开始探讨朋辈心理咨询、团体心理辅导、焦点解决方法、音乐疗法、叙事疗法在大学生心理危机干预中的作用。有关的关键词有"朋辈咨询""团体辅导""焦点解决"等。代表性的研究成果有：林静通过研究，指出朋辈心理咨询能宣传普及心理健康知识和心理咨询理念，能及时了解和帮助有心理困惑的大学生，延伸咨询的效果[36]；和娟等通过对比研究，证明了团体心理辅导对有极端心理危机倾向的大学生有显著的干预效果[37]。

综合上述分析，笔者认为在当前和今后一段时间内，有关大学生心理危机研究将呈现以下趋势：首先，在研究对象上，由对大学生整体层面的研究逐渐转变为对大学生群体内部一些特殊群体的研究，如对"贫困大学生""女大学生""少数民族大学生""90后大学生"的研究；其次，在实施主体的研究上，由仅仅局限于某一主体扩展到发挥更多主体的力量，如由对心理咨询师的研究，逐渐扩展为对高校辅导员、朋辈咨询员、高校政工干部作用的研究；第三，在研究理念上，由病理模式和思想道德教育范式为理念转变为以积极心理学为指导理念，关注学生的积极心理品质，如关注生命教育、心理弹性、积极情绪等在大学生心理危机应对中的作用；第四，在研究设计上，由注重对大学生心理危机的现状描述、成因分析、理论探讨，向强调大学生心理危机的实际干预效果、积极建构"中介作用"模型、重视各种预警体系和干预模式的效果转变。

（四）大学生心理危机研究的未来展望

虽然大学生心理危机受到了众多学者的关注，涌现了大量的研究成果，研究成果的水平也在不断提升，但总体来看，笔者觉得目前的研究还有以下不足：一是研究的总体质量不高。笔者在CNKI中进行检索，发现发表在核心期刊、CSSCI、SCI来源期刊上的文章只有153篇，占总发文量的10.21%，整体占比较低，发表在权威期刊上的文章更加有限，说明研究的质量整体偏低。二是研究的内容不够聚焦。虽然研究的热点集中在心理危机干预、高校、辅导员、心理健康、高职院校、预防等领域，但是相关的研究并没有形成核心领域，没有高水平的系列研究成果出现，这成为制约大学生心理危机研究的深度和水平的重要因素。三是研究的视野不够开阔。目前的研究热点集中在大学生心理危机的现状、成因和干预措施方面，多采用的是问卷调查、案例分析、文献研究等方法，研究的内容深度不够，研究的视角不够广泛，研究的方法比较单一。

在未来，要推动大学生心理危机的研究继续深入进行，一是要改变大学生心理危机研究的单一性，推动跨学科和跨领域的研究。要开阔学术视野，整合研究资源，夯实理论基础，综合心理学、社会学、教育学、管理学、计算机科学等多学科的知识和力量，尝试运用新的研究方法，突破现有的研究局限，推动研究的深入开展。二是要开展协作研究。任何一个研究领域要有突破性的发展，必须要有引领性的研究团队或者力量出现，必须要有大量的高水平的研究成果的出现。大学生心理危机这一重要的研究领域需要更多的研究力量的加入，需要更多高水平研究成果的出现来推动其研究深入进行。因此，各研究者、各高校和科研院所之间要加强协作，围绕某个研究主题尽快形成研究团队，产出系列的研究成果，提高这一领域的研究水平。三是要积极借鉴国外的最新研究成果，推动国内研究的本土化和国际化。大学生心理危机干预的研究最早起源于国外，国外从 20 世纪三四十年代就开始出现有关心理危机的理论，如林德曼的危机理论、卡普兰的情绪危机模型理论等。国外的研究不但起步比较早，而且成果比较丰硕，对国内的研究有很强的指导和借鉴意义。但是目前国内对国外的理论成果了解较少，且多是介绍和移植国外的理论。因此，今后的研究要具有国际眼光，敏锐把握和追踪国外的最新研究动态，积极借鉴国外的研究成果，同时与中国的具体情况相结合，对这些研究成果进行筛选、发展和创新，以推进国内大学生心理危机研究的深入进行。

第三节
国内外研究现状综述

一、国内外心理危机干预研究现状

国外的学者对心理危机研究得较早也较充分。我国学者从 20 世纪 90

年代才关注心理危机，开展了广泛的研究并取得了一些成果。

（一）心理危机干预国外研究状况

1. 心理危机理论的起源

心理危机理论起源于 20 世纪前半叶的美国、荷兰等国，经历了从危机理论到系统研究心理危机理论的演变过程。林德曼（Lindeman，1944）最先提出危机理论，主要研究悲哀反应的及时解决。与当时把危机者所表现出的危机反应当作异常或病态进行治疗的普遍流行观点不同，林德曼认为悲哀的行为是暂时的、正常的，并且可以通过短期干预技术进行治疗，开辟了一条对危机的新的认识路径，提高了对那些被诊断为无疾病但有症状表现的人的干预水平。

此后心理学家卡普兰（G. Caplan，1961）在此理论基础上加以补充和发展，于 1954 年首次提出心理危机的概念，并开始系统研究心理危机。卡普兰将基本危机理论结构扩大到整个创伤事件，并将其理论应用于所有的发展性和境遇性事件，将危机干预扩展到去除那些在开始时促发心理创伤的认知、情绪和行为问题，于 1964 年首次公开发表心理危机干预理论。

2. 心理危机的内涵研究

卡普兰认为当一个人面对困难情境，而他先前解决问题的方式及其惯常的支持系统却不足以应对时，即他必须面对的困难情境超过了其应对能力时，这个人就会产生暂时的心理困扰，这种暂时性的心理失衡状态就是心理危机[38]。查普林（Chaplian，1968）主编的心理词典将其定义为"存在重大心理影响的事件和决定"。格拉斯（1964）、米歇尔和拉斯尼克（1981）、普努克鲁（1991）、罗伯茨（1991）、格林兰和詹姆士都对心理危机进行了定义。

关于心理危机的发展过程，卡普兰认为心理危机是当个体面对逆境或重大应激事件时，如亲人死亡、婚姻破裂或天灾人祸等，用常规的解决方法不能应对而导致的紧张、焦虑、抑郁和悲观失望等情绪失衡现象，而这种失衡现象并不是永久的，是一种动态的发展过程。在其危机理论中，卡普兰描述了危机反应的演变过程。他提出了处于危机中的个体要经历的 4 个阶段：第一阶段，当刺激连续出现时，个体内心的基本平衡被打破了，表现为最初的紧张，并使个体感到不舒服；第二阶段，刺激继续不断出现时，个体在缺乏成功的应付机制状态下，不舒服感增强了；第三阶段，持续上升的紧张情绪转化为强有力的内部刺激，将个体各种资源激发出来，在这一阶段，个体试图启动紧急问题解决机制，问题也许会被个体重新认识或放弃，而那些确定不能实现的部分会被完全放弃；第四阶段，如果问题仍然存在，而且既不能被解决也无法避免，紧张感会不断上涨，就会出现巨大的失衡状态。而这种平衡的维持与否同个体对困境或事件的认知水平、环境或社会支持及应对技巧三个方面密切相关。

后来，斯万森和卡本（Swanson & Carbon，1989）提出了一个比较全面的发展模型，即危机前的平衡状态、危机的产生和危机后的平衡状态。危机前的平衡状态，是个体运用日常的应对方法和解决问题的技巧来维持环境间的稳定状态。危机的产生，其中包括面对困境或不能解决的问题时所表现出来的情绪脆弱期和危机活动期，这一阶段一般不超过 5~8 周。在危机活动期，个体通常由于无法忍受极度紧张和万分焦虑，从而引发寻求解脱或情绪的崩溃。危机后平衡状态的变化——恢复到危机先前水平、高于危机前水平或低于危机前水平。

关于心理危机的分类，不同的学者从不同的角度对其进行分类：心理学家布拉姆提出应用危机理论，把危机分为发展性危机、境遇性危机、存在性危机。第一，发展性危机，指个体在成长阶段可能发生的因为身体或周边环境的突然改变而引起的心理上的异常反应。例如学校毕业、转换工作等都可能导致发展性危机。大学生的发展性危机主要有：入学时期的适应问题、情感启蒙问题及面临毕业的职业选择问题等。第二，境遇性危机，指在任何时候都有可能发生的罕见的个人没法预测和控制的外部事件，如突如其来的交通意外和突发重大疾病等。第三，存在性危机，指人在成长和发展过程中面临一些重要的人生问题无法回答或做出决策时，出现的内心的纠结和焦虑。例如关于死亡、人生的价值与责任等问题。鲍尔温提出一个有利于评估和治疗的危机分类系统，心理病态由弱到强分为6种类型：倾向性危机、过渡期危机、创伤性危机、发展性危机、精神病理性危机、精神科急症[39]。

关于心理危机的持续状态和结果导向，多数学者认为，人的心理危机状态大约需持续4~6周。然而，危机事件类型的不同、各人的体质和危机的应对能力不同，导致危机产生的结果也有所差异。总体来说，心理危机可产生以下几种结果：第一，当事人顺利化解了危机，使心理达到良好的状况，并在此过程中强化了危机处理的技巧和能力；第二，当事人虽然安然度过了危机，但心底仍留有创伤和阴影，一旦处理不好，就会给以后的社会生活带来影响和不便；第三，当事人没有完全解决危机，由于精神压力的不断累积，导致产生精神疾病，虽然没有造成直接的严重后果，但在以后的生活经历中，如果再次遭遇变故，很有可能再次引发新的危机；第四，当事人自杀。当事人心理承受能力不足，无法忍受巨大的心理和精神压力，产生严重的抑郁情绪，极度悲观和绝望，从而选择结束生命，永远解脱。

3. 心理危机干预相关研究

心理危机干预的概念最初来源于林德曼和卡普兰的相关研究成果，后于20世纪后半叶得到迅速发展。危机干预，也被称为危机调节或管理，是对遭受挫折、处于困境导致心理失衡的当事人实施一定的介入帮助，促使其在短期内能顺利化解危机，恢复心理平衡。阿格勒瑞等人认为危机干预的最低治疗目标是在心理上帮助当事人解决危机，使其功能恢复到危机前水平；最高目标是提高当事人的心理平衡水平，使其高于危机前的平衡状态（1978）。

危机干预起初只承担引导当事人尽快恢复正常心理的任务，而不涉及任何的人格矫正和伦理教育，具有及时、迅速和有效的特征。而后，随着危机干预相关研究工作的不断推进，危机干预的内涵延伸，产生了以预防为主的危机干预理念。如 B. E. Gillialand 和 R. K. James 著、肖水源译制的《危机干预策略（上册）》一书中提到的罗伯茨的现代三级预防策略。一级预防是指事先通过一些项目方案的计划，做好严格把关，来积极预防一些危机事件的发生；二级预防是指在危机发生的前期阶段，要积极采取一些有效措施来对危机进行早期干预，缩小危机，防止事态发展严重化；三级预防是指综合运用系统的危机干预措施来控制和化解危机，即为追求在短时间内迅速解决危机，减轻危机带来的危害。总体而言，迄今为止，危机干预已经发展成一个综合性概念，包括短期应急性对策和长期的预防措施[40]。

（二）心理危机干预国内研究状况

国内对心理危机的相关研究始于 20 世纪 80 年代，陆续有学者介绍国外关于心理危机和危机干预的理论。20 世纪 90 年代，国内对危机干预方面开展了广泛的研究，并取得了较快发展，但针对大学生心理危机干预的研究并不多。2000 年以来，随着国内大学生心理危机事件的频繁发生，对大学生心理危机干预的研究随之受到重视并迅速发展起来。到目前为止，笔者只发现了少数几部国内学者关于危机干预的专著，其中针对大学生心理危机干预的专著是段鑫星、程婧的《大学生心理危机干预》。这是一本系统、专门研究大学生心理危机干预的专业著作，以大学生为研究对象，着重描述了大学生心理危机干预体系的建立，关注大学生心理危机易感人群、心理危机预防和自杀预期，以及大学生心理危机的社会支持系统等方面，对高校开展大学生心理危机干预具有很强的示范性和指导性意义，但关于大学生心理危机干预系统的构建，专著中基本没有提及。而在论文方面，针对大学生心理危机干预系统构建研究层面的成果就相对比较丰富了。

1. 心理危机的定义与内涵

国内学者对于心理危机的定义不尽相同，但本质基本一致，和国外的概念本质也一致，即危机与挫折有关，危机是一种心理失衡状态。如程平等人认为，心理危机是指个体运用寻常应付方式不能处理目前所遇到的内外部应激而陷于极度自卑、焦虑、抑郁，甚至失去控制、不能自拔的状态[41]。史占彪等人（2003）认为，危机是指人类个体或群体无法用现有的资源和惯常应对机制加以处理的事件和遭遇。危机往往出乎人们预期而突然发生，如果不能得到很快控制和及时缓解，危机就会导致人们在认知、情感和行为上出现功能失调，以及引起社会混乱[42]。徐岫茹（2003）认为，危机是个体遇到某些重大问题，既不能回避，又无法用通常解决问题的方法来解决时，其心理上产生的不平衡。樊富珉、史占彪、马湘培等人分别对心理危机进行了定义。这些概念表面看起来有所不同，但本质是一致的。

2. 心理危机干预的研究

关于心理危机干预的内涵研究，赵映霞指出心理学领域中，危机干预（crisis intervention）是指对处于心理危机状态下的个人采取明确有效的措施，使之最终战胜危机，重新适应生活。它是一种短期的、对处于困境或遭受挫折而具有情绪性危机的求助者予以关怀和提供基础[43]。吴亚子指出心理危机干预是指调动各种可利用资源，采取各种可能措施处理危机，改善危机情境，消除危机行为，将危机影响降低到最低程度，同时帮助危机个体发挥自身潜能，缓解或去除症状，使心理功能恢复到危机前水平，并获得新的应对技能，以预防未来心理危机的发生[44]。

（三）大学生心理危机干预国内外相关研究

1. 大学生心理危机产生的原因

国外关于大学生心理危机产生的影响因素的研究主要集中于现实事件的原因。如墨菲和阿彻（1996）认为，大学生的压力主要是学习、社会和情绪方面的，或来自学习和个人方面的；托贝斯等人（1996）发现长期的、慢性的压力比单个事件更容易使人产生压力。肯姆等人（1997）对中国大学生做了研究，中国大学生的主要压力为日常烦扰，包括经济问题、学习问题、和老师与同学的人际关系、情绪问题、性困扰，以及自我认同感、自尊等方面的问题。丛维李等人（1998）的研究认为，美国大学生的压力分为两大类：学习成绩和社会活动。

国内关于心理危机成因的研究已经形成了较多成果，归纳如下：个体内部和环境引发心理危机，主观因素和客观因素引发心理危机，心理压力引发心理危机。此外，暨南大学和华南师范大学的蔡哲、赵冬梅把大学生心理危机来源主要归因于 4 个方面：生理和心理矛盾带来的危机、市场经济及就业压力带来的心理危机、人际关系紧张所带来的危机、性生理的成熟和性心理的不完善产生的危机。徐竹君将原因总结为 4 个方面的冲突：与自我的冲突、与他人的冲突、与环境的冲突、观念价值与文化价值的冲突[45]。刘畅等人将大学生心理危机类型与产生原因相结合，提出角色冲突诱发的发展性心理危机、情境或环境变化引发的境遇性危机、社会价值认知与社会价值存在冲突引发的存在性危机[46]。总体而言，内因外因相互交织，大大增加了心理危机产生的几率。

2. 大学生心理危机干预策略措施的研究

关于心理危机干预系统的构建，国外特别是西方一些发达国家已经取得了众多的成果。20 世纪 70 年代初，危机干预已正式成为世界卫生组织（WHO）的研究课题。国外对于心理危机的研究已经取得了突破性进展，形成了一些较成熟的心理危机干预对策和应对系统，许多国家相继建立了专业的心理危机干预机构。一些学者和心理健康教育工作者通过实践经验的不断积累，逐渐形成了一套比较完善的心理危机干预系统。国外的大学生心理危机预防和干预已经变成大学心理卫生保健的重要组成部分，大学生心理危机干预工作蕴含于大学生的心理健康教育工作之中，针对各种不同的心理危机事件设置完善的预防和干预体系。"危机干预水平相对先进的国家，对于大学生心理危机的干预工作，一般交由大学的心理卫生服务中心或者专业的心理危机干预中心承担。各高校设有危机干预值班室，并有 24 小时热线电话服务。丹麦、法国、瑞典、荷兰、瑞士、英国、德国、奥地利、挪威等其他国家建立了与大学精神科或中毒控制中心合作的危机干预机构和自杀预防中心。"[47]

国内多数学者从危机产生的原因出发，从个人、家庭、学校、社会角度提出相应的预防措施。如卢勤提出构建个体—家庭—学校—社会全方位、立体化的心理危机预防与干预体系。学者们指出，从个人角度，大学生要科学认识自我、提升心理素质、积极参加体育锻炼等；从家庭和学校角度，要营造良好的育人氛围、注重培育健康的人格、培养学生的意志力等。学校作为最重要的育人主体是学者们关注的重点。在《构建高校大学生心理危机干预系统初探》中，何元庆、姚本先阐述了构建大学生心理危机干预系统的 4 个方面：一是建立干预系统组织机构，二是完善干预应急处理机制，三是构建干预支持系统，四是开展多种形式的心理危机教育。大学生心理健康教育的重要性得到了重视。罗文俊、唐光旭等人认为要坚持开设心理健康教育课程，通过开展不同形式的活动对大学生进行挫折教育和人际关系教育。邓志军、余修日等人认为要整合教育资源，构建具有院校特色的调查研究、心理咨询、危机干预、课堂教学、课外活动五位一体的心理健康教育模式，并且形成领导重视、经费投入、机构建立、人员配置、课程设置 5 个方面都到位的工作格局。社会需要充分利用整合资源，如郭洪芹在《社会支持对大学生心理危机干预的价值探讨》中根据"人是一切社会关系的总和"认为，有序的社会支持对大学生身心健康有显著的积极作用，认为给危机中的大学生提供强有力的社会支持是对大学生进行心理危机干预的重点。

有的学者则从纵向过程性角度探讨心理危机预防与干预措施，包含心理危机干预的预防、预警、干预、后干预体系的思考。如华道云等人提出危机干预有三个阶段，即危机的产生阶段、处理阶段及重估阶段，依次是危机干预的基础、危机干预的核心及危机干预的产物。危机的重估阶段也可能成为新的危机干预的起点。韶维在《大学生心理危机干预网络体系构建研究》中提出随着科技和网络的发展，从危机干预预警、防御、应激、运行 4 个角度来尝试构建大学生心理危机干预网络体系，从而保证大学生心理危机干预的及时有效性。而后有学者将横向与纵向、时间与空间相结合，如以积极心理学和生态系统理论为出发点，提出构建立体化的大学生心理危机干预的生态系统，以学校—家庭—社会为横切面，以预防教育、早期预警、危机干预和后期跟踪 4 个阶段为纵切面。

二、极端心理危机国内外研究现状

接受过良好教育、有"天之骄子"之称的大学生群体不时出现自杀、杀人等极端行为，如何去教育和引导这个特殊群体是非常值得人们深思和关注的问题。从近年来国内外的研究来看,目前学术领域尚未对大学生极端心理有一个统一的严格意义上的概念界定,但有关大学生自杀和杀人犯罪的内容包含在大学生极端心理危机事件中,对此国内外均有所研究,并取得了可观的研究成果。

(一) 国外极端心理危机相关研究

综合国内外相关研究,极端心理危机研究内在包含于心理危机研究之中。国内外某些期刊或专著之中会出现"极端行为"一词,但对什么是极端行为没有进行明确的概念界定。然而,从研究内容与表述中可以看到,自杀与杀人犯罪属于极端心理危机事件研究者已经达成基本共识。"自杀"与"杀人犯罪",国外的相关研究起步较早,如联合国 1996 年文件上写道:"自杀是一个全球性的悲剧,每年至少有 500000 人死于自杀,然而由于自杀在所有国家严重地漏报,所以实际上的数字肯定更高,估计高达 120 万。自杀不仅是北半球高度工业化、富有国家的一大问题,也是南北两个半球共同的问题,无论是在发达国家还是在发展中国家,自杀可发生在所有年龄和所有阶层。"自杀已经成为世界范围内关注的一个重要的公共卫生问题。"对自杀或恶性犯罪的研究也达到了一定的程度,最早研究自杀行为的是法国社会学家迪尔凯姆,其用社会事实的因果关系分析自杀,率先提出了自杀的概念,著有《自杀论》,认为自杀是一种社会病态。戴纽特沃瑟曼从流行病学、神经生物学、临床现象、心理危机干预方面学等角度分析自杀,著有《自杀:一种不必要的死亡》;此外还有科尔的《犯罪与杀》、迈尔的《自杀统计学》、德尚布尔的《论杀人——自杀偏执狂》及法尔雷的《论忧郁和自杀》等。美国学者 Jack Klott,Arthur Jongsma,Jr. 著有《自杀与凶杀的危险性评估及预防——治疗指导计划》把自杀和凶杀者根据临床治疗的侧重点分为不同人群提出干预措施,英国坎特的《犯罪的影子——系列杀人犯的心理特征剖析》对暴力犯罪的嫌疑人进行了心理特征描述。"[48]

西方发达国家对自杀的预防和干预工作一般是从国家层面展开的全国性战略行动。笔者以苏联、美国和日本为例,做简要描述。20 世纪 80

年代中后期，戈尔巴乔夫政府倡导的"重建"政策被誉为历史上最为有效的预防男性自杀干预的项目。针对苏联国家独特的饮酒文化，"重建"改革中的酒精限制政策有效地降低了男性自杀率。这种针对国家独有文化来采取自杀预防政策的措施值得借鉴。自杀生活疾病预防控制中心的报告宣称：在美国每年大约30000人自杀。然而这令人不安的损失是可以预防的。美国联邦政府主要是通过美国能源部赞助的卫生和人类服务科学项目实施预防自杀计划。联邦政府通过组织卫生和人类服务部（HHS）（正致力于防止自杀及其对家庭、朋友和社区带来的灾难性影响）、物质滥用和精神健康服务管理局、国家卫生研究院、中心疾病控制和预防，以及卫生资源和服务管理这5个业务部门的协同工作，从国家战略的高度进行自杀预防。"除了上述联邦政府的公共部门外，美国的私营部门、民间组织，响应国家倡导，也参与了社区的自杀预防和干预。美国联邦政府2001年在题为《预防自杀：目标和目的的行动（国家战略）》（USPHS，2001）开创性报告中呼吁并强调在整个公众需要广泛的合作伙伴关系，加强和扩大与私营部门的合作，协调预防自杀活动。其结果是，HHS开始了一项雄心勃勃的计划，联手国家、地方政府、部落、非营利组织，以及基础的社区，形成公共与私人合作的联合模式，来实施国家战略中列出的目标和目的。世界卫生组织2006年的统计资料显示，日本的自杀率是世界平均自杀率的2倍。2006年日本有32155人自杀，是交通事故死亡人数的5倍。日本在2006年通过了《自杀对策基本法案》，从立法层面向社会公众宣布自杀是日本社会全体成员的问题。2007年，又公布了'自杀综合对策大纲'，明确了具体的自杀预防方针，日本建立了在全民参与自杀预防背景下以学校预防为主的三级预防体系。"[49]

（二）国内极端心理危机相关研究

相较于国外研究，国内相关研究的论著中较少提到"极端心理危机事件"。但随着大学生心理危机事件的逐年增多，特别是"马加爵案"发生以后，国内学者开始着重关注青少年及大学生的心理危机研究。进入 20 世纪，我国心理危机干预方面的研究日益增多，近几年来关于大学生极端行为的研究也日益增多。在 CNKI 数据库中，2010 年至今，近 10 年来，以大学生极端心理危机为主题的期刊、硕博士论文 32 篇，以"大学生极端行为"为主题的论文 19 篇。如李文霞在《浅析高校大学生极端行为的成因》中，从教育学角度入手，分析造成极端行为的社会及家庭原因；黄建榕在《大学生极端行为的分析和防范》中，也集中探讨了大学生自杀行为的原因与防范机制；吕途等人的《大学生极端行为的心理成因与预防途径》、张秋菊的《大学生个体极端行为预警干预机制探讨》从心理学角度研究了极端行为的个体内部心理因素，并提出预防途径。

关于极端心理危机事件的定义，目前我国学术领域研究相同或相关主体与行为的概念有"过激行为""越轨行为""危险行为"等。过激行为是指"在不可控的情境激发下，心理状态失衡，情绪难以自制而出现违反大学生规范的偏激行为，轻者为感情冲动、发脾气、情绪低落，极端为打架斗殴、伤害他人、自杀等"。越轨行为是指因触犯刑律而被治罪的极端心理危机事件，违反一般校规、校纪的行为，违反法律、法规的行为，违反社会公德的层面上的行为，包括反道德、不道德和非道德三种具体的行为方式。危险行为包括大学生吸烟、物质滥用、伤人毁物、自伤自杀和突然出走等。极端心理危机事件与其他学者所说的过激行为、越轨行为和危险行为有相同范畴，但又不完全相同。

（三）大学生极端心理危机国内外相关研究

1. 国外关于大学生极端心理危机及干预的研究

在国外，高校自杀、他杀或危及别人生命安全的极端心理危机事件已经成为令人关注的世界公共卫生问题。近年来，美国一些校园频发暴力犯罪，宁静的校园充满血腥味道。"2010 年 5 月 3 日，年仅 22 岁的弗吉尼亚大学女生亚德利乐芙被杀身亡，凶手竟是其相恋一年多的男友乔治。原因是两人最近分手，乔治因爱成恨动了杀机。此案骤然加剧了华盛顿地区各大高校的紧张气氛，不少大学都纷纷评估各自面临的暴力犯罪威胁。根据美国教育部和联邦调查局的报告显示，从 2007 年到 2008

年，华盛顿地区的部分高校大学生由极端心理引起的暴力犯罪呈现出上升趋势，其中性侵犯案件占了很大比例。"[50]近年发生的中国留学生章莹颖案件，更是引发了中美两国各界的高度关注。

这些案件中，34%发生在情侣之间，14%出于报复攻击。弗吉尼亚大学情况最为严重，所发生的案件由2007年的5起激增至2008年的16起。对此，专家指出，枪支泛滥、暴力影视作品和暴力网络游戏对青少年的毒害不容忽视。一项调查表明，年仅12岁的美国孩子，就已经在电视上目睹过8000次谋杀场面和10万个暴力镜头。

通过对相关文献的阅读、整理和分析可以看出，国外高校对学生自杀的早期预防和干预工作的开展起步早，效果显著，整体上已经形成了明确的规章制度和系统的应对方案，在针对具体案例时又有着具体的做法。如通过采用心理测验和心理咨询等形式识别和发现有自杀倾向的学生，对其进行自杀危险性评估、适当的药物治疗和早期心理干预，并建立心理档案，和患者家庭建立密切联系，追踪其后续心理行为和治疗过程，再次评估。但总体而言，国外的专业著作对青年人、大学生的极端行为的预防与干预大都从临床医学的角度进行分析，具有一定片面性。因此，若要将其运用于实践必须进一步转化并进行深入研究。

2. 国内关于大学生极端心理危机的相关研究

国内现有的危机研究多集中在大学生自杀与伤人犯罪领域。对于大学生杀人犯罪极端之举的研究中有关青少年犯罪的研究比较多，如周路等的《青少年犯罪综合治理对策学》、谷迎春的《青少年犯罪综合治理概论》等，都提到了极端心理和极端心理危机事件。关于大学生杀人犯罪的专著目前还没有，但相关的研究论文在20世纪80年代之后出现较多，特别是"马加爵事件"之后。如张应立的《对十二起大学生杀人案件的实证分析》、傅彩云的《马加爵杀人心理动因分析与反思》、潘其胜的《对当前大学生杀人犯罪的一点思考——由马加爵谈起》，后者提到大学生杀人犯罪是在大学生自身素质缺陷、高等教育和管理缺失，以及现实社会中的一些消极因素综合作用下发生的。预防、减少大学生杀人犯罪需要从加强高校管理，以及关注和提升大学生的自身素质等方面入手。

有关大学生自杀的研究始于 20 世纪 90 年代。1990 年以前，国内关于自杀预防的研究起步较晚，尽管自杀只是自己结束自己的生命，对社会、对他人的影响有限，但是高校自杀率逐年攀升引起了教育部门和国内学者的高度重视。国内学者开始对自杀问题进行研究，同时对我国大学生的自杀特征有了初步的认识。虽然国内外有些学者认为自杀问题是我国重要的公共卫生问题，但还没有得到有关方面的广泛认同。如翟书涛的《选择死亡——自杀现象及自杀心理透视》，分析了大学生自杀者的人格特质和人格障碍。也有学者将我国自杀研究分为三个阶段：1949 年到 1976 年自杀研究为禁区，处于"冰冻期"，没有明显的成果；1977 年到 1989 年由于自杀频发，社会开始进行反思，因此为自杀研究的"启动期"；1990 年到 1999 年是自杀研究的"发展期"，这一阶段成果累累，是多年来被列为禁区的冰山的"融解期"。有关大学生自杀的论文和著作也是 20 世纪 90 年代后才出现的，近几年增长较快，如金宏章的《高校自杀危机预警及干预系统研究》等。

通过中国知网数据库检索可以发现，以大学生"极端心理危机"为明确主题和关键词的研究兴起于 2000 年以后，论文逐渐增多。如范田园的《大学生极端行为的心理成因与预防途径分析》、金高辉的《大学生极端行为背景下的生命教育》、陈斌和王艳红的《应对大学生极端心理危机事件的干预机制》、郭玉云的《大学生极端心理危机干预与生命教育》、张和平的《大学生极端行为的心理分析及心理预防措施探讨》、张艳的《大学生极端心理危机事件的环境因素分析》等。这些研究无论从大学生极端心理危机的定义、成因还是预防机制等方面，都为接下来的研究提供了理论依据。

关于大学生极端心理危机的定义，洛阳工业高等专科学校的李文霞认为："大学生极端心理危机事件主要以自杀、离家出走、杀人伤害几种居多。"武汉理工大学的李明忠认为，大学生常见的极端心理危机事件包括"厌恶学习、逃避生活、放弃生命"；河北工业大学外国语学院的刘超认为："极端心理危机事件是指当个体面临突然发生的外界刺激（如意外事故、情感危机等）、长期承受巨大的精神压力（如就业压力、学习压力、心理疾患或生理缺陷等）或处于重大生活逆境（如亲人死亡、家庭变故或天灾人祸等）而出现心理严重失衡状态，从而导致采取极端心理危机事件或措施，造成自己或他人身心严重伤害或带来严重后果的事件。"张传锴在《大学生极端心理问题的自身因素探究及对策分析》一文中写道："我们将发生在大学生身上的由于心理障碍、应激事件、物质滥用、网络成瘾等因素引起的心理危机而导致的自杀或他杀危及到当事人或别人生命安全的事件界定为极端心理问题。"有自杀行为的学生被心理学界公认为"极端心理学生"或"极端学生"[51]。还有学者认为，极端心理危机事件是对社会、对他人、对自己做出的伤人害己或人己毁灭的行为。

关于大学生极端心理危机的成因，学者从内因与外因相结合角度进行探讨，已经形成一个共识，即大学生极端心理危机事件的产生是多种因素相互作用下形成的，是心理、社会和生物诸因素相互作用的结果。个体内在成因包含生理因素与心理因素，而外在成因是指外界环境因素。首先，社会方面，我国正处于社会转型期，缺乏人们普遍认可的社会规范的引导。其次，学校方面，应试教育为主的教育体制并不能培养新时期社会所需要的人才，学生未做好毕业后踏入社会的准备，致使其无法应对激烈的社会竞争。第三，家庭方面，放养型家庭教养方式易使孩子养成高傲、冷漠的性格，抗挫折能力较差；而权威型教养方式则会给孩子更大的心理压力。值得一提的是，学界对自杀态度与自杀意念的研究开始增多。

关于对极端心理危机的干预与预防研究，学者们基本上从原因出发，对症下药，提出学生个体、家庭氛围、学校管理教育等多维预防与干预措施。如杨芷郁提出"建立起学校、家庭、专业人士三位一体的系统，形成合力，积极应对危机"[52]。刘超"倡导建立由学生、家庭、学校和社会共同参与的极端心理危机事件干预体系，号召政府及教育主管部门、社会团体、家庭与高等学校一同关注学生心理健康问题，为大学生就业、学习、情感、实现理想和追求等提供更加包容的政策环境、社会环境、家庭环境和学校环境"[53]。其中，学者们基本达成共识的是高校扮演着大学生极端心理危机干预与预防的重点角色，高校的应对策略是学者们研究的重点。相应对策主要总结为以下几点：加强校园文化建设；建立完善大学生心理档案，关注跟踪高危人群；加强生命与死亡教育，开设相关课程；建立并完善校园心理危机干预的预警系统；完善心理咨询机构，加强心理咨询队伍建设。

研究者们已经注意到预防与干预的相互结合，并强调要促进大学生心理健康教育与疏导常态化、规范化，以期获得更长远的效果。进一步提出贯穿预防、干预、干预后的具体措施的是张将星，他提出学生的治疗手段主要采取危机干预——一个"快速反应、短时治疗、定期结束"的心理治疗模式。该模式偏重于将学生自杀理解为一个心理危机事件，将拦截学生当下的自杀行为并在当下解除学生的自杀念头，作为危机干预的主要目的和任务。但事实上我们可以发现，很多时候，自杀根源并未就此而彻底消除，还会在长短不等的时间范围内再度出现危机[54]。因此极端心理危机干预要着眼于个体生命的持续性恢复与完善。

综上可以看出，大学生是国家未来建设的中坚力量，其心理健康尤其受到关注。然而，随着经济、社会、科技等的发展，大学生面临激烈的升学、就业竞争等压力，其发生极端心理危机事件的频率越来越高。一个个年轻生命的逝去，使家庭和社会蒙受巨大的损失。因此，高校日趋严重的极端心理危机事件已成为亟待解决的问题。

三、积极心理学国内外研究现状

（一）积极心理学国外相关研究

1. 积极心理学的研究起源

人类及其生活的善的方面和人类最佳的功能方面，一直都是人类探索的主题。从亚里士多德关于实现论幸福的论述，到阿奎那关于文艺复兴时期的美德的著述，乃至现代心理学的探索——不管是以人本主义心理学还是以积极心理学的身份，学术界一直存在着关于人类实现潜能的探讨。在现代心理学发展之初，威廉姆詹姆斯就对超验的体验在促进最佳人类功能上发挥的作用感兴趣。荣格关于"自性"的概念证明了一个人能在多大程度上成为他所能成为的人。与这个主题相一致的还有奥尔波特关于成熟的个体的著作，以及贾霍达关于什么是真正意义上的心理健康的著作。人本主义心理学运动也证明了我们人类的内在潜力，其中最重要的是马斯洛关于自我实现的概念与罗杰斯关于发挥完全功能的人的著述。Ryff 和他的同事在整合了关于心理幸福感的文献基础上，将心理幸福感界定为全力应对生活的存在性挑战，从而使它明显区别于主观幸福感或更一般的幸福的概念[55]。

因此，积极心理学的思想早已存之，特别是蕴含于哲学思想之中。而第一个系统提出积极心理学理论的是美国心理学会主席塞利格曼。积极心理学起源于 20 世纪 30 年代，以塞利格曼关于天才和婚姻幸福的研究，以及卡尔·荣格关于人生意义的研究为标志。塞利格曼最终确定了积极心理学研究的三大支柱：积极体验、积极人格、积极的组织制度。1999 年，美国心理协会在波士顿召开第 107 届年会，塞利格曼发表主席致辞，宣布年会促进心理学向更为积极心理学的方向转变。这是心理学界首次在官方场合使用"积极心理学"这一术语。第二次世界大战的爆发使得心理学的主要任务变成了寻求治疗人类身体和精神疾病的方法，这使得心理学成为纠正人类问题的一种病理学科。积极心理学正式进入人们的视野是《积极心理学手册》的出版，这是斯奈德在 2002 年编辑的。Sheldon 和 Lara Kim 认为积极心理学的本质是一门专门研究人类发展潜力和美德的积极品质的学科。

2. 积极心理学的阶段性研究成果

近 20 年来，积极心理学取得了迅猛的发展。一系列以积极心理学为主题的全国性乃至国际性会议在世界各地召开，北美洲乃至全球的大学本科生中选修积极心理学课程的人数创历史新高。大量媒体开始关注积极心理学，使得积极心理学的热度不断升高。"积极心理学"现在是哈佛大学最受欢迎的选修课程，超越"经济学导论"课程而独占鳌头。在学术界，积极心理学领域通过愈来愈多的研究数据、杂志、论文和专辑、国际协会和会员、资助、专门的研究中心、课程及研究生项目，迅速在学术界取得一席之地。《积极心理学》杂志于 2006 年创刊，主要发表积极心理学方面的研究成果。现在，积极心理学的国际性协会如雨后春笋般成立。北美洲、欧洲和亚洲都成立了许多积极心理学研究和干预中心。迄至 2003 年，全球有 100 多个大学开设了积极心理学本科课程。迄至 2005 年，全美重点大学中至少有 27 个积极心理学项目，至少有 4 个积极心理学研究生项目。英国东伦敦大学和塞利格曼所在的宾夕法尼亚大学提供了应用积极心理学硕士研究生项目，齐森特米哈伊所在的加州克莱蒙研究大学提供了积极发展心理学与积极组织心理学的博士研究生项目。

积极心理学专著和论文相继出版和发表，包括手册、教材，以及在如下杂志上发表的相关专辑：《美国心理学家》《人本主义心理学杂志》《心理学探究》《理论与哲学心理学杂志》《普通心理学评论》《国际教练心理学评论》《非洲心理学杂志》《理论与心理学》《行为医学年鉴》等。从以上可以看出，积极心理学经过近 20 年的蓬勃发展，现在已经具备了成熟的研究领域所有的结构性组织部分，是心理学界一股强大的新生力量。另外，对积极心理学的批判与反思也有一定的成果。关于积极心理学的哲学问题的研究，主要发表在《美国心理学家》《理论与心理学》《理论与哲学心理学杂志》《人本主义心理学杂志》《心理学探究》《普通心理学评论》等学术期刊上。

3. 积极心理学的研究领域

塞利格曼认为："积极心理学的最终目的就是使人们通过理解和建立积极的情感、满足及意义，而变得更幸福。"他认为幸福就要愉快地生活、充实地生活和有意义地生活。积极心理学研究就是围绕着幸福的三个方面的目的进行的[56]。

积极心理学研究人类的积极力量和潜能。2002 年，斯奈德·洛佩兹通过《积极心理学手册》的编辑，对经验、认知风格、人际情感交流，以及特定群体、具体情况、具体压力等都有系统的研究。目前，积极心理学的研究成果主要体现在三个主要的研究领域：积极的情感体验、积极的人格和积极的社会组织体系。在积极的情感体验中，Dinah 提出了主观幸福感和积极情绪，这是一种非常主观的体验，Dinah 认为其有三个特征：第一，主观幸福感是主观的，它是一种积极的个人体验，"死于外部世界的规定"。第二，主观幸福感是由积极的情绪产生的，比如满足、快乐和其他积极的情绪。第三，主观幸福感是个体对整个生活领域的积极评价。目前，心理学家已经明确界定了主观幸福感的标准，即体验快乐情绪、低水平的负面体验和高水平的生活满意度。Massimi Ni 和 Fei Fu 提出的快乐体验是影响心理选择的一个重要因素，从生物和文化进化的角度，直接影响人类的行为模式，分析乐观和悲观的关系问题。他认为乐观主义包括小乐观和大乐观。无论是小的乐观还是大的乐观，都受到认知、情感和动机三个方面的内在影响，乐观的人更有可能成功。目前，对乐观主义的研究仍存在争议。一种观点认为乐观是一种个性特征，另一种观点认为乐观主义是一种解释风格。

在积极的人格特质中，积极心理学家主要从特质维度来研究人格，并总结出人们应该具备的 24 种人格特质。1999 年，Hillson 和 Marie 在问卷研究的基础上对积极的人格特征与消极的人格特征进行了区分，认为积极的人格特征中存在两个独立的维度：一是正性的利己特征，二是与他人的积极关系。积极的人格能帮助个体在面对生活中的各种压力时选择对自己更为有效的措施，从而更好地解决生活中的难题。

积极的组织系统包括积极的小系统和积极的大系统。积极的小系统包括关系和谐的社区、有效能的学校、公正客观的媒体、和睦的家庭等。积极的大系统包括公民有责任感、职业道德感等。积极的社会组织体系以公平正义为中心。因为社会组织系统是一个复杂的系统，涉及心理领域，且还没有形成完整的理论体系。积极心理学还研究影响人们幸福生活、影响天才发展、创造力的发挥和培养的环境因素[57]。积极心理学越来越受到世界各地心理学家的关注，越来越多的学者尝试将积极心理学应用于教育学、社会学和管理学等领域，以促进相关学科的进一步发展。

积极教育是 20 世纪末西方社会兴起的一场大型教育运动，这场运动首先由美国发起，后来蔓延至西方其他一些国家，如英国、法国等。第二次世界大战期间，美国学校的心理健康教育中断；二战结束后，战争带来的灾难使得各种社会问题和健康问题亟待解决，教育领域也是如此。

美国的学校因为过分关注学生的缺点，且忽视对学生优点的培养而受到社会各界的指责。在这一特殊时期，以消极教育为主流的学校教育，用对待病理性心理问题的关注方式对待学生身上的外显和潜在问题。除此以外，消极教育已不能顺应社会的发展。二战后美国等西方国家经济要复苏，人民的物质、精神生活水平要提高，这无疑与消极教育的价值理念相矛盾。积极心理学运动在美国和欧洲等发达国家的广泛发展并取得了许多令人瞩目的成果，也成为积极教育运动顺利开展的催化剂。在美国，积极教育被定义为传统技能和幸福教育，它以增进学生的积极体验为核心，立足于学生固有的积极能力和积极潜力，努力培养学生个体层面和集体层面的积极人格特质。而且值得注意的是，积极教育运动主要是被积极心理学家们所推崇和实践的，它实际上是积极心理学运动的产物，是将积极心理学取得的成果应用到教育教学实践中，从而逐渐在此基础上提出了积极教育。这一举动使得多数积极心理学家具有了双重身份，既是积极心理学的研究者，又是实践者，多了一层教师身份。一般认为，美国积极教育大大推动了其积极心理健康教育的形成与发展[58]。

（二）积极心理学国内相关研究

有学者认为，积极心理学（Positive Psychology）是利用心理学目前已比较完善和有效的实验方法与测量手段，来研究人类的力量和美德等积极方面的一个心理学思潮。赛利格曼、卡里曼等积极心理学者主张心理学要以人固有的、潜在的建设性力量，以及美德和善端为出发点，用一种积极的态度来解读人的各种心理问题，激发人内在的积极心理品质，帮助人无限度地发挥自己的潜力并获得更美好的生活。心理学是关于疾病或健康的科学，更是关于工作、娱乐、教育、爱和成长的科学[59]。学界对积极心理学具有广泛的理论和实践价值形成了基本共识，认为积极心理学与其他分支心理学一样都具有深厚的理论渊源和坚实的科学基础，并已在很多领域得到实践的检验，如积极教育、积极的健康状态（包括生理和心理）、积极的神经心理机制，以及对困境和艰难的应对。越来越多的研究人员和实践者将积极心理学从理念的层面扩展到实践的领域，使其不断具体化和可操作化，使积极心理学真正为人类的幸福发挥作用[60]。

国内积极心理学的研究是从研究主观幸福感开始的，如"幸福的进取者""主观幸福感"、《心理学视野中的幸福——幸福感理论与测评研究》，积极心理学网站的第一次建立推出使用，在全国心理学第十次大会上向各参会人员将该网站中有关的积极心理学的学术专题做了研究介绍。另外，在积极心理学思想的影响下，我国心理学界对人的心理认知，也因积极心理学思想的注入变得更加全面和完善。还有一些心理学研究人员开始编制具有代表性的中国人格测量表。因我国发展积极心理学较晚，对积极心理学这一新兴的理论科学还没有深入的研究，同时国外对于积极心理学的理论研究也未达到完善的程度，因此目前我国对于积极心理学都只是初级的探索。我国积极心理学的研究现状是：理论内容的全面解释，实践环节的初级探究。

1. 积极心理学的介绍类、述评类研究

国内的研究主要始于 2000 年以后，积极心理学相关研究的介绍性文章主要是介绍积极心理学的主要思想。如《美国积极心理学介评》一文主要论述了积极心理学的基本主张、研究近况、存在问题等，并进行了简要评价，并在此基础上提出将积极心理学看作一种新的研究方向，在心理学的基础上进行新的理论建构，通过对主流心理学的纠正，给现存的心理学内容与形式以观点的补充。《积极心理学：一种新的研究方向》一文介绍了积极心理学的研究领域，即积极的情绪和体验、积极的个性特征、积极的心理过程对于心理健康的影响及培养天才等，对积极心理学兴起的历史渊源进行研究，总结了西方积极心理学研究得出的结论。积极心理学不可避免地也存在许多尚未解决的问题，有待于心理学工作者继续探索。浙江师范大学的任俊在《西方积极心理学运动是一场心理学革命吗》一文中明确提出了积极心理学运动的性质，指出积极心理学运动是当代心理学发展的一个重要趋势，但它并不能算作一次心理学的革命，它的出现是对传统以问题为核心的心理学的一种补充而不是取代。

它恢复了心理学原来失衡的价值观，强调心理学不仅要研究问题，更要研究人的积极力量和积极品质。此外还有多篇论文，如《自我决定理论对积极心理学研究的贡献》《积极人格：人格心理学研究的新趋向》《积极心理学运动及其对我国构建和谐社会的启示》《西方积极教育思想探析》等，这些文章都对积极心理学所阐释的思想进行了介绍和研究，使得人们对积极心理学思想有一个大体的了解，以及开始对积极心理学的价值与不足进行探讨。

2. 积极心理学的跨文化研究

积极心理学由国外引进中国，部分学者进行跨文化研究，从传统文化的角度挖掘积极心理资源。邵迎生探讨了积极心理学文献中有关概念的翻译问题。黄之晖与任俊以《道德经》为例，说明中国文化和思想体系中早已存在积极心理学理论所说的智慧、勇气、仁爱、公正、节制和卓越6种美德，以及24种积极人格的部分内界。邱鸿钟对儒家经典《大学》中的教育心理学思想与现代积极心理学思想进行了跨文化比较。江雪华认为，中国传统文化中包含着丰富的积极心理学思想。毛颖梅提出，讨论幸福生活的内涵和意义，不可能回避价值概念，也不可能脱离社会文化情境的所谓"价值中立"或"不带价值判断"。曲连坤认为，祠堂、孔庙和城隍庙这三座庙堂保证了中国人的归属感和社会支持系统，与积极心理学有异曲同工之效。李红云认为，应推进解决积极心理学本土化进程中面临的理论框架不完整、不成体系的问题解决。胡霜与王欣认为，中国传统文化中蕴含积极心理学成分，它们有助于中国本土积极心理学的建立与完善。田爱琴认为，《论语》中提到的6种美德与积极心理学中提到的6种美德是相近的[61]。

3. 积极心理学的应用研究

（1）传统心理研究分支中的应用研究

积极心理学倡导探索人类的美德，如爱、宽恕、感激，以及智慧和乐观等。因此，许多传统的心理学研究分支，如临床心理、咨询心理、社会心理、人格心理和健康心理学等，都可以在积极心理学的范式中将注意力转向对于人性积极面的研究。比如在临床心理学领域，

W. C. Follette 等人提出了怎样设计环境因素以唤起积极的行为，教授个体控制环境和行为的技巧等方法，以帮助人们提升他们的生活质量。又如 B. L. Fredrickson 提出管理心理学家应当努力培养组织成员的愉悦、兴趣、自豪和满足等积极情绪，因为这些情绪不仅能使个人改变，也能通过影响组织中的他人和顾客从而给整个组织带来变化，因此有助于组织的兴旺和发展。所有这些不同领域中的研究都表明，强调人性的积极面可以使心理学研究的各个分支领域更加注重于培养和调动人性中固有的力量，从而使得治疗、咨询、培训、教育、人际交往更为有效和顺畅[62]。

（2）课堂教学中的应用研究

根据积极心理学的有关理论，结合课堂教学的实际，积极心理学在整个课堂教学中有三个方面的应用。首先，利用积极心理学的理论知识在课堂教学中培养学生的积极情感，使学生的情感与认知共同发展。在传统课堂教学中，教师大多是以学生的问题为切入点来进行教学工作的，因此，教师积累了如何解决学生问题的经验，但却很少关注那些处于良好条件下的学生的发展，从而只注意到了学生的问题点而没有寻找学生的优点。当今，课堂教学受积极心理学理念的影响，从关注学生所存在的问题的教育心理转向了关注学生自身成长的积极品质和积极体验，因此这也成为达成教育目标的主要途径，并且是教育自身应该追求的价值核心。心理学的目标从积极心理学的角度看，并不仅仅在于改变人心理或行为上出现的问题，更要帮助人建立良好的行为模式或心理。研究发现，教师在课堂教学过程中，不仅要预防学生的行为问题，还要从学生实际固有的积极潜能出发，增强学生的积极情感体验和积极品质。教师在帮助学生学习进步的同时，要注重培养学生的积极情感，使学生的认知与情感协调并全面地共同发展。其次，积极心理学在教师自身的心理健康方面予以关注，能够解决教师的职业倦怠。最后，在建立良好的师生关系氛围方面，积极心理学提供了积极的社会支持[63]。

此外，积极心理学在人力资源开发、灾后心理重建等方面的应用得到了学界的重视。因此，应将理论与实践相结合，进一步发挥积极心理学对实践的指导作用。

4. 积极心理学在心理健康教育中的研究

积极心理学与心理健康教育都属于应用研究，由于其与本书研究主题联系最为密切，故单列一节加以阐述。

积极心理学自在我国发展以来就受到了心理学界诸多学者的广泛关注。《南京师大学报》2003 年 3 月第 2 期，南京师范大学博士苗元江发表了我国第一篇关于积极心理学的论文——《积极心理学：理念与行动》，由此，积极心理学在我国高校心理健康教育中逐步展开，这篇论文的发表也为其在高校中的发展提供了可行的理论依据。将积极心理学理念融入心理健康教育中，探寻积极心理学对心理健康教育的积极作用是学者们研究的重点。积极心理学作为一种新的思潮已逐渐对我国的心理健康教育产生积极的影响。学者们通过反思非常态心理学所带来的消极影响，主张将积极心理学作为学校心理健康教育的价值取向，提出"积极心理健康教育"的概念，探寻积极心理教育模式。目前，形成以下阶段性理论成果：袭继峰（2007）在《积极心理学与心理健康教育创新》一文中指出，借鉴积极心理学理念以整合中国心理健康教育，并形成新的心理健康教育模式，将成为一种趋势和思潮。陈晓娟（2008）在《基于积极心理学的大学生心理健康教育研究》一文中，结合积极心理学理论，提出建构大学生心理健康教育的积极模式。陈伟（2010）在《积极心理学视角下的我国高校大学生心理健康教育研究》一文中提出了积极心理学的心理健康观，并从丰富心理健康教育内容与途径的角度探索积极心理健康教育模式。王佳利（2013）在《积极心理学与大学生心理健康教育》一文中，通过分析积极心理学对大学生思想政治教育的意义，提出了积极心理学在大学生心理健康教育中的应用途径。王琪（2014）的文章《积极心理学指导下的大学生心理健康教育》，在积极心理学的视角下查找大学生心理健康教育的问题和不足，并提出探索途径，对当前高校心理健康教育创新具有启示意义[64]。

积极心理学的应用研究，一方面实现了向关注心理健康教育目标的转变，即将心理健康教育的目标与积极心理学价值取向相结合。以往高校的心理健康教育模式是以消极心理学为重点研究领域，这种模式下，心理健康教育的功能大大削弱，使得心理健康教育的作用不能很好地发挥。其原因在于消极心理学理念下的心理健康教育关注点在消极的取向，而偏离了积极的取向，致使心理健康教育陷入了心理疾病治疗和预防当中。积极心理学重视积极的品质、心理体验、心理干预及积极的心理测量，这就将心理健康的关注点转变为对健康的关注。这一转变为心理健康教育的实施提供了新的思路，教育价值得以转变，教育的功效也得到提升。积极心理学理论下的高校心理健康教育价值取向趋于正向，教育目标更加明确，教育内容也得以丰富，从而改善了学校心理健康教育中的主客体关系，有利于不断发掘教育资源，提高学校心理健康教育功效。

另一方面将内容与积极心理学研究相结合，使高校心理健康教育的内容和形式得以拓展。积极心理学以培养积极情感和塑造积极人格为主要心理健康教育内容，并营造能够促使学生积极本性得以发展的心理外在环境。因此，目前一些高校已经将积极心理学的思想融入心理健康课程中，而心理健康教育课程作为心理健康教育的主要部分，能够更多地涉及积极心理学的核心内容和提供积极的课堂环境，培养学生自身的主观幸福感、福乐体验、自我决定性、乐观、自尊、自信、宽容、同情、慷慨等积极的人格品质[65]。

此外，诸多心理学者及专家都在探索积极的心理健康教育的可实施途径及方法。研究认为，人的认知、情感、意志、道德等方面的合理运用都可以培养人的积极品质。积极的心理体验是培养积极的心理品质的重要途径，主要手段有自助式心理暗示、自助式心理辅导、自助式心理训练、自助式心理激励及自助式心理社团等。积极心理学在心理健康教育中的研究主要集中在理论内容的借鉴上，对心理健康教育提出更多的对策及建议，增强了积极心理学在心理健康教育体系中作用的发挥。

四、国内外研究现状述评

(一)心理危机研究述评

总的来说,近年来国内外关于大学生心理危机的研究越来越多,在理论与实践领域均取得了可观的研究成果。国外研究起步较早,在心理治疗、教育课程、机构设置等方面积累了丰富的经验,但与我国实际国情及我国大学生心理特点匹配度不高。国内研究虽然范围广泛,但深度仍需进一步加强。具体表现在以下几个方面:

首先,国内外关于大学生心理危机的研究主要集中在危机的预防与干预上,尽管不少学者提出要在危机前、危机中、危机后三个阶段进行心理危机预防与干预,但是未谈及具体路径。危机发生后的预防和干预收效甚微,如果在危机发生之前就能通过理论教育、实践教育、预警机制、队伍建设等方式来实施大学生心理危机预防措施,便可大大降低危机发生率,防患于未然。同时,在危机结束之后还应根据干预的效果评估大学生心理危机的属性,判断其是属于恢复性危机、反弹性危机还是失败性危机,从而有针对性地开展后干预补救,促进大学生心理素质的提升。其次,关于心理危机干预研究的专业化程度还有待提升,国内许多学者都是套用国外关于心理危机的理论,许多研究没有结合我国实际国情和大学生的特点,本土化研究相对较少,且研究缺乏系统性和针对性。

(二)极端心理危机研究述评

随着心理危机的深入研究,自残、伤害他人等极端心理危机事件也时有发生,从而引起越来越多的关注。关于极端心理危机虽然没有统一的明确定义,但国内外学者基本达成共识,即将自杀与暴力犯罪纳入研究范围。国外高校对学生自杀早期预防和干预的工作开展起步早,效果显著,整体上已经形成了明确的规章制度和系统的应对方案;国内在研究心理危机的基础上重点关注极端心理危机,在内涵、原因、干预与预防措施方面取得了一定的研究成果，但目前仍有以下几点不足：

第一，国内关于大学生自杀和暴力的研究绝大部分局限于理论和经验的探讨，实证的研究不多，虽然已有研究从实证角度对大学生自杀和暴力事件进行了探索性的研究，但是这些研究往往角度比较单一，缺乏系统性，而且研究方法相对比较简单，忽略了各影响因素之间的复杂关系。

第二，国内学者对于大学生自杀和暴力等极端心理危机事件所提出的预防对策大都比较相似和雷同，其内容和具体操作流程比较宏观，不够详尽，指导性和可操作性不强，并且这些建议和对策也缺乏实证研究的有力支持。

第三，国内学者结合积极心理学理论对大学生心理危机事件进行探讨的研究还相对比较缺乏。因此，采用定性和定量研究相结合的方法对大学生进行心理健康教育具有很重要的价值。

（三）积极心理学研究述评

积极心理学发端于国外，其理论与应用近年来不断发展，是心理学发展的一个重大新方向。通过对研究成果的梳理可以看出，学者们在对现有心理健康教育的认识和对心理健康教育的改造提升方面取得了较好的成效，对日后相关研究有着深远的意义。尽管如此，对于心理健康教育反面的研究仍存在短板，这也是大学生心理健康教育、扩展研究亟待解决的问题。

1. 研究内容单一，质量相对较弱

自 2004 年起，国内以积极心理学视角为基础研究大学生心理健康教育所取得的成果越来越多，且趋势逐年增长。2006 年以前，积极心理学的理念刚在我国兴起，因此国内研究成果较少，每年只有零星的几篇研究论文。自 2007 年以来，有关的研究成果开始大幅增加，其中 2013 年以 196 篇文献高居榜首。然而，数量的增多并不意味着质量以正比例提高，尤以在 CSSCI 期刊上公开发表的论文为例。质量不高的重要原因就在于现有的研究思路过于单一，研究成果的同质化现象严重。目前的研究仅仅从积极心理学视角反思现有大学生心理健康教育模式存在的问题，然后从积极心理学的视角提出改进和提高现有模式的对策和建议，除此之外，未有创新性研究思路。另外，在研究内容上也侧重个人层面，关注个人自身的积极品质和积极体验，而较少对积极社会环境进行研究，由此可见，此方面的研究也只是冰山一角。

2. 理论研究较多，实证研究较少

大学生心理健康教育的研究成果大都停留在理论说明层面，研究方法单一，多为定性研究，因此研究成果以定性研究为主，采用实证研究的文献少之又少。各类学者大多都只以自己所从事工作的实践研究为基础，在这一基础上论述积极心理学的主要观点，描述积极心理学视角下当前大学生心理健康教育存在的问题，提出完善建议。而对于积极心理学的理念和方法能否有效提升大学生的心理健康素质，能否提高大学生心理健康教育工作的成效，实证研究很稀少，且定性研究无法科学说明，这种研究只能在大量和长期的实证研究中找到正确的答案。在少有的定量研究的文献中，学者大都单一地采用随机抽样法，通过问卷法和量表法收集资料，采用描述性统计进行数据分析；极少研究者采用 SPSS 社会科学统计软件包对数据进行处理。此外，有研究者对调查结果采用演绎法进行量化分析，并加以概括和分析，形成研究结论。如黄伟对重庆 10所大学 2600 名在校大学生进行随机抽样调查，运用 SPSS 统计软件进行数据处理，对大学生主观幸福感进行了探讨和研究，提出了构建高校心理健康教育的积极模式。

3. 本土化研究有待加强

在运用积极心理学视角指导大学生心理健康教育的过程中，主要的文献研究大都采纳了西方积极心理学理论研究成果，缺乏对中国本土文化背景的考量。具体而言，西方心理学的研究成果多带有西方本土色彩，隐含西方的价值观和文化体系，全盘接受则会将中国本身的文化特点、思维方式、价值体系西式化，如果忽略其中存在的差异，即使全部吸收，在实践中也一样寸步难行。东西方的差异体现在很多方面，比如说话委婉含蓄是中国文化的一种优良品质，但这在西方文化中却并不属于一种积极品质。因此，在对中国大学生进行积极心理健康教育的研究过程中，必须考量中国本土文化背景，研究中国人的积极品质、积极体验。此外，心理预防与干预模式中所采取的量表等科学工具也要进一步符合中国大学生的心理状况和思想特点，从而使得目标更明确，更具有本土特征。

　　大学生极端心理危机是社会学、医学、法学、心理学等学科共同研究的问题。在以往的研究中，国内关于自杀和暴力的理论模型方面的研究还相当薄弱，因而本书拟建立适合于中国学生极端心理危机事件的影响因素模型，不断完善、丰富关于大学生自杀和暴力的极端心理危机理论；在实证研究的基础上，进一步探索心理弹性、积极情绪等积极心理学因素在预防大学生自杀、暴力等极端危机事件中的积极作用，从而降低大学生自杀和暴力风险；同时结合积极心理学的理论，从社会、个人、家庭、学校等层面提出系统化的、具有可操作性的预防策略，并通过实验研究以验证积极心理预防策略的有效性，为我国高校的心理咨询机构及社会各界应对大学生极端心理危机事件提供借鉴和指导，以降低高校学生极端心理危机事件的发生率。

第四节

大学生极端心理危机的相关理论

一、大学生极端心理危机的定义

　　美国心理学家开普兰最早提出心理危机的概念，即指当一个人必须面对的困难情境超过了他的能力时，这个人就会产生暂时性的心理失衡状态（CAPLAN，1954）。而极端一般包括以下几层含义：（1）事物发展的端点状态，两个最高峰，两个互为对立的方面，如极端内向（从不主动与人交流，处于最为沉默的情况）；（2）达到极点的，至顶端的；（3）非常。例如：生活极端贫困。《现代汉语词典》中对"极端"的解释有三个方面：一是事物顺着某个发展方向达到的顶点；二是表示程度极深，如极端苦恼、极端困难；三是绝对、偏激，如这种观点太极端。

综合学者们的研究，笔者认为，大学生极端心理危机是大学生先前的处理危机的方式和惯常的支持系统不足以应对眼前的困难处境而导致个体产生自杀意念和攻击性的心理状态及行为表现。

大学生极端心理危机主要表现在两个方面：一是自杀。自杀是一种蓄意或自愿进行自我伤害或自我毁灭的行为，其结果可以是死亡、致残或被救治。二是暴力。ENGLANDER（2003）认为暴力（VIOLENCE）是一种意图导致他人身体伤害或心理伤害的攻击性行为。而攻击性（AG-GRESSION）则是对他人生理和心理进行伤害，或对个人财产造成破坏的任何有意行为。攻击性与暴力相比，更强调行为实施者的有意性。虽然暴力和攻击性存在一定的区别，但是很多学者还是会将暴力和攻击性的概念进行交替性使用，并常用攻击作为个体暴力的测量标准。

大学生极端心理危机事件通常具有潜伏性、突发性、可查性、复杂性4个特征。很多大学生在产生自杀或攻击行为之前，并没有明显的异常行为，只有在危机事件发生后，才会引起大家的注意。但这并不代表极端心理危机是无法察觉的，危机事件发生后，周围的人回想当事人的表现，还是能找到很多蛛丝马迹的。如当事人会有情绪和行为上的变化，可能平时比较开朗的人忽然变得沉默寡言，或者会在和别人的交流中透露不满的情绪，还有可能比较频繁地提到死亡这个话题，等等。

大学生极端心理危机的产生有着复杂的原因，如社会变革引起的心理不适应、家庭环境的影响、大众传媒的负性引导，以及社会压力造成的就业问题、恋爱问题、人际交往问题等。此外，不同气质的人产生极端心理危机的概率也不同，比如有暴力心理倾向的大学生情绪容易受情境和他人影响，这种气质类型多为胆汁质或抑郁质；而自杀者大多性格内向、孤僻、偏执，缺乏兴趣爱好，以自我为中心，情绪不稳定，责任心过强，容易出现焦虑和绝望感，难以与他人建立正常的人际关系。

二、大学生极端心理危机的分类

如前所述，当面临突然或重大的生活事件，如亲人亡故、突发的严重到威胁生命的疾病，以及灾难等，个体既不能选择回避又无法做到用常用的处理方式来解决问题时，便容易出现心理失衡的情况，严重至极端心理。比如：个体对事件发生的意义，以及事件对自己将来的影响的评价；个体是否拥有一个能够为自己提供帮助的社会支持系统；个体是否获得有效的应对机制，即个体能否从过去的经验中获得解决问题的有效方法，如哭泣、愤怒、向他人倾诉等。总体来说，极端心理危机可以分为以下三种类型：

1. 发展性危机

发展性危机是个人在自身正常成长和发展过程中，对急剧的变化或转变所产生的异常反应，如升学危机、性极端危机等。这些危机不可避免，且是大学生生命中必要和有重要意义的转折点，对于大学生而言，每一次发展性危机的解决都是自身走向成熟和完善的基石。

2. 境遇性危机

境遇性心理危机是指突如其来的、自身无法预料和难以控制的极端心理危机，如交通事故、被人强暴、人质事件、突然得绝症或死亡、自然灾害等。

3. 存在性危机

存在性危机是指人生中的一些重要事件出现问题，从而导致个人内心冲突和极端焦虑，这是伴随重要的人生目的、人生责任和未来发展等内部压力的冲突和焦虑而形成的危机[66]。

三、大学生极端心理危机的特点

1. 突发性

大学生极端心理危机事件的发生常常出人意料、突如其来，具有不可控性。

2. 紧急性

事件的出现如同急性疾病的爆发一样具有紧急的特征，它需要人们去紧急应对。

3. 痛苦性

大学生极端心理危机事件在事前事后给人带来的体验都是痛苦的，而且可能涉及尊严的丧失等问题。

4. 无助性

大学生极端心理危机事件的降临，常常使人觉得无所适从，而且，危机使得人们未来的计划受到威胁和破坏。由于一部分大学生心理自助能力差、社会心理支持系统不完善，因此危机常常使个体感到无助。

5. 危险性

大学生极端心理危机事件之中隐含着危险，这种危险可能影响到学生的正常生活与交往，严重的还可能危及大学生自己和他人的生命。

因此，确定极端心理危机需要符合以下三项标准：第一，存在具有重大心理影响的事件；第二，引起急性情绪动乱或认知、躯体和行为等方面的改变，但又不符合任何精神疾病的诊断；第三，当事人或患者用平常解决问题的手段暂不能应付或应付无效[67]。

四、大学生极端心理危机产生的原因分析

国内外现有的研究发现，大学生极端行为的产生往往是多种原因共同作用的结果，这些原因增加了大学生自杀与攻击行为发生的可能性，主要包括社会、家庭、个人、学校4个方面。

（一）社会原因

1. 剧烈的社会变革是大学生极端心理危机事件发生的社会思想基础

在社会经济转型的历史大变局中，经济飞速发展，传统的习俗、规则等受到巨大的冲击，旧的规范瓦解，新的规范随之建立。这一切需要一定的时间，这一间隙造成了社会环境失范状况的出现，由此产生了前所未有的各种新矛盾、新问题与新困境。在这种充满危机与压力的生存环境下，人们欲望的持续增长与欲望满足滞后现状之间的矛盾导致极端心理危机事件发生的可能性大幅增加。如今的社会，人们尊重的似乎不再是知识，而是权力、金钱，社会充斥着拜金主义、权力至上的价值取向。与此同时，极端个人主义在经济利益导向的社会中膨胀，竞争意识虽得到强化，但在某种意义上也弱化了集体意识。合作意识衰减，人与人之间关系紧张，利己主义膨胀。面对这种社会环境，有些大学生容易产生悲观消极的想法。一部分大学生人生观混乱模糊、消极功利，对理想信念的追求停滞不前，注重物质利益的得失，忽视社会责任感，人与人之间变成等价交换，对同学漠不关心，对集体活动毫不热情，不关注国家发展。这些不良思想使传统朴素的道德观念不断受到冲击并逐步沦丧，低水平的社会凝聚力、淡漠的人际关系使人没有集体归属感。同时，社会整合力的下降也可能会加剧个体孤独无助心理体验的产生，对社会不信任，甚至充满敌意，更甚者，部分心理脆弱的大学生倾向于自杀，而部分大学生则可能会形成攻击性人格，造成杀他行为。

2. 大众传媒的负面影响误导和扭曲了大学生的价值观念，成为催化大学生极端心理危机产生的文化土壤

班杜拉的社会学习理论认为，模仿学习导致了一个人的攻击行为。这样看来，学习行为决定了攻击行为的产生，同时攻击行为也可以通过新的学习予以消除。改革开放以来，暴力文化在社会生活各个领域出现，文化领域中诞生了一股"黑色沙尘暴"。另外，舆论媒体过度渲染有关暴力、自杀之类的电视节目，以及报道时所使用的带有暗示色彩的语言和声调、照片和画面等，无一不对观众的心理产生影响，潜移默化地影响了青少年的行为，诱发了青少年暴力、自杀行为的发生。特别是关于名人暴力、自杀的详尽报道对青少年学生影响极坏。某些媒体社会责任意识淡薄，没有表现出理性的态度和科学的立场，一旦发生了大学生极端心理危机事件，只是一味大肆报道该事件，却没有认真探索其根源，也没有提出相对应的建设性意见。在一些影视作品中，暴力成为解决问题的主要或唯一的方式，

甚至被夸张地美化为"惩恶扬善"的手段。对于是非辨识力尚不足的大学生来说,这些负面的因素对其以后暴力行为的出现有极为不良的影响。在很多大学生暴力犯罪的实例中,不乏行为人对影视作品所描绘的暴力方式解决问题的推崇和暴力手段的模仿。另外,暴力性的网络游戏层出不穷,使参与者逐渐产生用暴力解决纠纷的思想。在这种氛围的影响下,大众传媒对大学生极端心理危机事件多发具有不良的诱导作用。

3. 教育制度的某些缺陷使大学生缺乏抗挫折的能力,大学生成为极端心理危机的"易感"人群

当代社会的教育制度一直处在改革之中,素质教育的提出也曾让人欢欣鼓舞,但是十多年过去了,"考试"仍然是甄选人才的唯一手段,"升学"仍是唯一的、最高的目的。整个社会对学生的评价标准单一,学校过多地追求"高分数"及"高升学率",把学生的成绩当作学校招生的工具,忽略了学生的身心发展需要,而且在教育过程中忽视学生思想道德和心理素质的培养,使学生的身心不能全面发展。进入大学之后,大学生们忽然发现,考试并不是生活的全部,分数也不是证明自身价值的唯一指标,大学生们需要独立面对人际交往、就业等一系列人生难题。若大学生没有及时掌握这些法则,在独立面对这些问题之时,必然会感受到精神压力。而当这些压力不能得到化解时,大学生必然会产生心理上的恐慌,形成习得性无助心理,因为丁点儿的失败就感到自己一无是处,产生强烈的自卑、失落等负性情绪,进而引发自杀、攻击他人等极端行为的发生。

4. 当前日益增强的多方面的社会压力综合作用成为诱导大学生极端心理危机爆发的导火索

(1)学业压力

一方面,高中生经过高考的选拔进入大学,高中时出类拔萃的学业成绩被淹没,从"佼佼者"向普通学生的转变,让一部分大学生很难适应,对其内心造成强烈的心理冲击;另一方面,家人对孩子普遍抱有较高的期望,尤其是在一些生活较为困难的家庭中,为了供孩子读书上学,家长付出了很多,往往会把改变整个家庭命运的重担压在孩子身上。这些学业上的压力让部分大学生难以承受,以致陷入极端心理危机。

（2）就业压力

随着毕业人数的增多，大学生就业竞争的压力也急剧增大。毕业生自身和工作单位是导致就业压力的重要方面，部分大学生毕业后找不到工作或找不到一份满意的工作，因此感到前途渺茫，失落感倍增，甚至丧失求职的信心。在国家大力推进"大众创业、万众创新"的形势下，部分毕业生开始燃起创业的热情，然而，很多大学生对创业政策不够了解，对创业的困难性认识不足，这也会致使其心理产生极大的波动。

（3）人际交往压力

当前时代背景下，大学生多是独生子女，是父母及其他亲人的"掌中宝"，在这样的"呵护"中，其人际交往能力方面相对欠缺。他们更乐于通过手机、电脑等电子设备中的微信、QQ、微博等社交平台沟通交流。比如，部分学生在网络上交流活跃，而在现实中却少言寡语；部分学生不能很好地处理与老师、同学的关系，惧怕与陌生人交流；部分学生性格内向，不善与人沟通，初入大学又找不到新的朋友，容易产生孤独苦闷的心理；部分学生在日常社会交往过程中常常以自我为中心，不顾及他人感受，造成人际关系紧张。同时，大学生恋爱现象非常普遍，这也是大学生人际交往非常重要的一个方面。恋爱本身是美好而令人向往的，但是由于有的大学生在对待爱情的态度、观念和方式上存在偏差，无法正确对待和处理失恋，因而可能会做出伤害自己或者恋人的行为。

（二）个人原因

1. 人格有缺陷，认知偏差大

认知是指人们在与其他角色和社会生活中的其他方面接触和交往的过程中，感受其他角色和生活现象外部特征，从而形成对社会各种生活现象的认识、评价、印象和理解。所谓认知偏差，指的是歪曲形态的认知，是对其他事物和现象具有偏执于某一端的、不符合客观实际的认识。认知偏差是大学生产生暴力攻击或自杀行为的关键因素，极端心理危机事件制造者的认知常因情绪影响而变得歪曲，表现出"概括化""绝对化"或两者交替的特点，以及以偏概全、一叶障目的不合理思维方式，常常过分关注甚至夸大某些事件，同学之间的恶作剧甚至也能成为杀人的理由。大量的研究成果表明，有暴力心理的大学生具有好胜要强、敏感多疑、个人主义、期望过高的人格倾向，易走极端，攻击性强，易因挫折产生自杀意念甚至是自杀行为。而自杀者大多性格内向、偏执、孤僻，以自我为中心，缺乏兴趣爱好，责任心过强，情绪不稳定，容易出现焦虑和绝望感，难以与他人建立正常的人际关系。

2. 意志薄弱，耐挫力差

在人们的认识和行为过程中，意志品质起着重要的作用。承担民族复兴重任的大学生，不仅肩负着家庭的希望，同时希望追求个人理想的自我实现，压力自然很大，这些压力也会给大学生们带来挫折。大量的实证研究表明，挫折往往会导致侵犯性情感的滋生，挫折、受排斥等社会性因素也会使学生产生攻击性行为。诸如经常被家长和老师否定、得不到同学的支持和友谊的学生，其挫折感比较强烈，容易产生暴力倾向。意志力坚定的人会想方设法去克服挫折以达成自己的理想目标。当代相当一部分大学生意志品质较为薄弱，耐挫力差，心理承受能力弱，一点小小的挫折都可能使其退缩和逃避。

3. 法治观念淡漠，漠视生命

当代很多大学生对待学业、知识的态度已经变得非常功利，学习并不是为了知识的汲取，而是为了好分数、各种奖励及最终的好工作。对待专业知识态度尚且如此，对于学校开设的一些帮助其更好地完善自身的课程如法律基础等，一些大学生更不会重视，以至于在违法事件发生后，有些大学生仍然天真地认为自己是一名学生，自己的一时冲动能够得到学校及社会的谅解。法律的作用之一便是震慑犯罪，当想要犯罪的人知道自己最终会受到法律的严惩时，或许就会克制自己的冲动，而有些大学生却往往由于对法律的无知而铸成大错。

（三）家庭原因

1. 家庭结构与功能失调是大学生极端心理危机产生的祸襟

家庭是人社会化的第一场所，个人与家庭的联系发生得最早，关系也最密切。精神分析学派认为，学生在幼年期受到的家庭教育等方面的影响直接关系到其心理状态的发展，尤其是早期的心理创伤，如父母离异或早亡导致家庭结构不完整、家庭经济收入不稳定导致家庭功能失调、父母关系紧张导致家庭气氛紧张和亲子关系疏离等，这些都容易导致孩子性格孤僻、人格扭曲及畸形心态的产生，对孩子一生的发展都会产生不利影响。也有资料表明，"后组式"家庭、成员不和睦的家庭、结构松散的家庭、子女对父母有惧怕情绪或与父母对立的家庭常常亲子沟通不通畅，在之后的发展中子女会逐渐丧失对他人的信任。面对困境时，他们想不到向他人特别是向亲人求助，反而是采用自己的方式解决问题，其中包括暴力攻击、自杀这些极端的方式。

2. 父母不恰当的教养方式为大学生极端心理危机事件埋下了隐患

（1）宠溺型

当代大学生多为独生子女，父母对他们宠爱有加且期望较高，养成了其争强好胜、以自我为中心、追求个性的性格，自主能力和自我控制能力较差，依赖性强，心理素质不高，遇事往往比较偏激。而且，家长很少会对孩子进行挫折教育，只要求他们学习好，生活中的大小琐事父母全部大包大揽，不让孩子"烦心"。这种包办式的教养方式对孩子的成长极为不利，会造成他们缺乏独立处事的能力。

（2）专制型

此类型父母采取专制控制型教养方式，对子女的一举一动都横加干涉，要求子女无条件服从其意志，对待子女过于严厉，甚至打骂子女。在这种教养方式下长大的孩子缺乏自信，实施暴力犯罪的可能性更大。家庭教育的种种不当，都为大学生极端心理危机事件埋下了隐患。

（3）冷漠型

冷漠型父母缺乏对孩子爱的情感，又缺少对孩子行为的要求，缺乏基本的关注与了解，对孩子的言行不闻不问，亲子关系疏离，给孩子一种被忽视的感觉。这种教养方式下的孩子容易形成冲动、攻击、不顺从、狂妄自大、刚愎自用的心理，他们在成长过程中很容易发生不良行为。

3. 家庭贫富的两极分化往往是压垮大学生、使其心理出现极端危机的最后一根稻草

目前，中国已经成为世界上贫富差距较大的国家之一。而大学生中的贫富差距，正是社会贫富差距的一个缩影。高中时期，大家的价值观比较单一，注意力也比较单向，以学习和高考为主，并没有过多地在意贫富差距。但到了大学之后，价值取向突然多元起来，贫困生在经济上面临很大压力，与富裕家庭的孩子在生活方式、消费观念方面的攀比，容易使贫困生心理产生失衡。清华大学精密仪器与机械学系的辅导员夏帕克提江吾守尔、曹良才及清华大学党委学生部的谭鹏曾专门对家庭经济困难的学生的心理健康状况进行研究。他们发现，家庭经济困难的学生的心理问题大多集中在三个方面：敏感的人际关系和孤独感、强烈的自卑意识和失落感、迷茫的择业心态和恐惧感。在这三大心理问题的长期困扰下，同学有意无意的玩笑或嘲讽都很容易触动他们的神经，刺激极端心理危机事件的发生。另外，当前社会由于出现了人才相对过剩的状况，"社会资本"在就业过程中逐步渗透，因此家庭条件好、社会关系多的学生就业的面相对较广，而贫困大学生家庭经济条件差、社会关系单一，就业途径也更狭窄。与此相对的是，贫困生家庭为支持子女读大学几乎是倾其所有，甚至负债累累，所以对子女期望往往更高，由此也给贫困大学生造成了巨大的心理负担和压力，成为压垮他们的最后一根稻草[68]。

（四）学校原因

从学校整体大环境到寝室小环境，都可能对大学生心理发育和心理危机预防及干预产生多方面影响。大的方面如学校的人才培养体系是否科学、教育理念是否先进、师资配备是否到位、课程设置是否合理、整体氛围是否和谐等，都是重要影响因素。小的方面以寝室环境为例，作为大学生生活的重要场所，寝室中人际关系的好坏、学习风气如何等都对大学生有很大影响。和谐的室友关系会形成一种相互关爱、互帮互助的氛围，促进大家共同进步、共同提高；反之，则会导致个体间关系紧张，甚至引起相互的敌视、矛盾的激发[69]。

大学生极端心理危机的现状与影响因素实证分析

大学生心理危机事件不断发生，且有愈演愈烈的趋势，严重影响了大学生的心理健康和成长成才，也影响了高校的安全稳定与和谐校园建设，给高校的教学工作和管理工作增加了很大的压力和难度。因此，研究大学生心理危机发生发展的原因，分析其影响因素，科学地教育和引导大学生及时有效地进行心理疏导，防止恶性事件的发生，是一项迫切而紧要的任务。不少学者针对大学生心理危机事件的发生原因及影响因素进行了研究，提出了很多有价值的理论和观点。

汪春花认为大学生遇到的心理危机是二元性思维模式向相对性思维模式转变的一种产物[70]。蔺桂瑞等通过对 16 例自杀死亡的研究生自杀风险影响因素的实证研究，将影响因素概括为个体因素和社会因素两大方面[71]。杨振斌、李焰针对 33 例大学生自杀死亡事件进行调查研究，并对影响因素进行了总结[72]。杜玉春等通过对心理危机事件案例的实证研究，总结出影响大学生心理危机的因素有个人因素、家庭因素、人际因素、社会因素四大类[73]。刘瑜等认为心理危机产生的原因有 6 个方面，即人际关系、学习、受惩罚、亲友与财产丧失、健康与适应问题[74]。刘超从内部和外部两个方面将影响因素分为两类，包括个体性格、行为和习惯，以及心理承受能力和自我调节能力、心理疾患或生理缺陷、家庭成长环境、学校环境、社会环境和突发性事件等[75]。石娟等运用解释结构模型方法探究了诱发大学生心理危机的直接因素、关键性因素和根源性因素[76]。石艳华将大学生自杀意念的影响因素分为：自身因素、家庭因素、社会因素[77]。桑海云等通过调查发现，不同背景、是否独生子女、是否失恋过、有无性经历、不同压力情况等对大学生自杀意念的影响均不相同[78]。程平将诱发大学生心理危机与自杀的因素归纳为：社会心理支持失当、应付机制失全、个体认知偏差、个体人格缺陷、情感挫折、心理疾病及其他因素[79]。

笔者于 2019 年在江苏省某综合型高校开展了大学生心理危机问卷调查，以了解大学生遭受心理危机的现状，并探讨影响大学生心理危机的因素，以期为预防大学生心理危机、提高大学生心理素质提供有意义的参考[80]。

第一节
大学生极端心理危机的现状

一、调查概述

笔者运用随机抽样的方法通过调查问卷的形式调查了解江苏省某综合型高校大学生极端心理危机现状及其相关影响因素：综合现有研究资料，结合实际情况，自行编制大学生极端心理危机的影响因素调查问卷，并开展了问卷调查。问卷的内容包括学生的基本信息条目、性格特征、心理倾向、人际关系、情绪类型、父母关系、家庭收入、家庭结构、家庭教育方式、专业满意度、就业前景、宿舍关系等信息，同时，调查问卷设有指导语，明确本次调查的目的和数据应用范围，确保数据的真实性和有效性。本书以问卷中的第 17 题"你在大学生活中是否遭受过极端心理危机"作为大学生是否遭受极端心理危机的初步判断依据，选择"经历过"的定义为"遭受过极端心理危机"，选择"没经历过"的定义为"没有遭受过极端心理危机"。本调查共发放问卷 400 份，回收有效问卷共 388 份，有效回收率为 97%。基本信息如下：汉族学生 368 名（94.8%），其他民族学生 20 名（5.2%）；男生 144 名（37.11%），女生 244 名（62.89%）；大一学生 129 名（33.25%），大二学生 88 名（22.68%），大三学生 52 名（13.4%），大四学生 54 名（13.92%），硕士研究生 65 名（16.75%）；人文社科类学生 213 名（54.9%），工学类学生 97 名（25%），理学类学生 71 名（18.3%），其他学科门类学生 7 名（1.8%）；独生子女 185 名（47.68%），非独生子女 203 名（52.32%）；家中独生子女占 47.7%，老大占 29.3%，老二占 16.8%，老三占 4.9%，其他占 1.3%。笔者对有效问卷进行了频数统计，调查对象的具体构成情况见表 2-1。

表 2-1　有效样本构成分布表

基本信息条目	等级	人数（N）	百分比
民族	汉族	368	94.8%
	其他民族	20	5.2%
性别	男	144	37.1%
	女	244	62.9%
年级	大一	129	33.2%
	大二	88	22.7%
	大三	52	13.4%
	大四	54	13.9%
	硕士研究生	64	16.5%
	博士研究生	1	0.3%
专业	人文社科类	122	31.4%
	经管类	91	23.5%
	医学	2	0.5%
	工学	97	25%
	理学	71	18.3%
	其他	5	1.3%
排行	独生子女	185	47.7%
	老大	114	29.3%
	老二	65	16.8%
	老三	19	4.9%
	其他	5	1.3%

二、现状描述

根据问卷第 17 题"你在大学生活中是否遭受过极端心理危机"作为大学生是否遭受极端心理危机的判断依据，调查结果如表 2-2 所示：大学生中极端心理危机的总发生率为 21.65%（84/388），男生极端心理危机的发生率为 22.22%（32/144），女生极端心理危机的发生率为 21.31%（52/244）；本科生极端心理危机的发生率为 21.05%（68/323），研究生极端心理危机的发生率为 24.62%（16/65）；大一学生极端心理危机的发生率为 14.73%（19/129），大二学生极端心理危机的发生率为 19.32%（17/88），大三学生极端心理危机的发生率为 34.62%（18/52），大四学生极端心理危机的发生率为 25.93%（14/54）；独生子女极端心理危机的发生率为 20.54%（38/185），非独生子女极端心理危机的发生率为 22.66%（46/203）；人文社科类（经管类）学生极端心理危机的发生率为 22.07%（47/213），工学类学生极端心理危机的发生率为 29.9%（29/97），理学类学生极端心理危机的发生率为 35.21%（25/71）；外倾型性格的学生极端心理危机的发生率为 27.69%（18/65），内倾型性格的学生极端心理危机的发生率为 27.59%（24/87），混合型性格的学生极端心理危机的发生率为 17.8%（42/236）。

表 2-2　学生基本信息分析表

		是否遭受心理危机		卡方值 F	P 值	经历过百分比	没经历过百分比
		经历过	没经历				
性别	男生	32	112	150.71	<0.01	22.22%	77.78%
	女生	52	192			21.31%	78.69%
学历	本科生	68	255	150.71	<0.01	21.05%	78.95%
	研究生	16	49			24.62%	75.38%
年级	大一	19	110	150.71	<0.01	14.73%	85.27%
	大二	17	71			19.32%	80.68%
	大三	18	34			34.62%	65.38%
	大四	14	40			25.93%	74.61%
排行	独生子女	38	147	1.10	>0.1	20.54%	79.46%
	非独生子女	46	157			22.66%	77.34%
专业	人文社科类（经管类）	47	166	3.71	<0.01	22.07%	77.93%
	工学类	29	68			29.9%	70.1%
	理学类	25	46			35.21%	64.79%
心理倾向	外倾型	18	47	150.71	<0.01	27.69%	72.31%
	内倾型	24	63			27.59%	72.41%
	混合型	42	194			17.8%	82.2%

在参加调查的学生中，有 142 人感到学习比较有压力，人数占比为 36.5%（142/388），这其中遭受极端心理危机的人数为 31 人，人数占比为 21.8%（31/142）；有 35 人认为恋爱比较有压力，人数占比为 9.0%

（35/388），这其中遭受极端心理危机的人数为 8 人，人数占比为 22.86%（8/35）；有 83 人感到人际关系方面有压力，人数占比为 21.4%（83/388），这其中遭受极端心理危机的人数为 20 人，人数占比为 24.1%（20/83）；有 45 人感到家庭经济状况比较有压力，人数占比为 11.6%（45/388），这其中遭受极端心理危机的人数为 7 人，占比为 15.5%（7/45）；有 16 人感到家庭关系比较有压力，占比为 4.12%（16/388），这其中遭受极端心理危机的人数为 3 人，人数占比为 18.7%（3/16）；有 9 人感到就业比较有压力，人数占比为 2.32%（9/388），这其中遭受极端心理危机的人数为 0；有 19 人感到压力来自个人身体状况，人数占比为 4.9%（19/388），这其中遭受极端心理危机的人数为 8 人，人数占比为 42.1%（8/19）；有 39 人认为压力来自成长经历中的阴影，人数占比为 10.05%（39/388），这其中遭受极端心理危机的人数为 7 人，人数占比为 17.9%（7/39）。

　　可以看出，对大学生来讲，最大的压力是学习，其次是人际关系，再次是家庭经济状况，其他依次是成长经历中的阴影和创伤、恋爱、个人身体状况、家庭关系和就业，见表 2-3。

表2-3　学生主要压力来源表

			是否遭受心理危机		经历过百分比	没经历过百分比
			经历过	没经历过		
压力来源	学习	142	31	111	21.8%	78.2%
	恋爱	35	8	27	22.86%	77.14%
	人际关系	83	20	63	24.1%	75.9%
	家庭经济	45	7	38	15.5%	84.5%
	家庭关系	16	3	13	18.7%	81.3%
	就业	9	0	9	0.00%	100%
	身体状况	19	8	11	42.1%	57.9%
	成长阴影	39	7	32	17.9%	82.1%

第二节
影响大学生极端心理危机的相关因素分析

列联表分析可以检验两个变量之间的关联性和关联程度。表2-2、2-3、2-4给出了在5%的显著性水平下,通过卡方检验的相关变量检验表。由此可以发现,性格结构、心理倾向、长期情绪、过去的失败经历、对理想与现实差距的态度、应对心理危机的行为措施、父母之间关系、家庭居住结构、家庭经济状况、家庭教育方式、专业满意度、就业前景和宿舍关系,与是否遭受心理危机有较强的相关性。由于相关影响因素较多,笔者在这里将从个人特征、家庭状况、社会状况三个维度对相关因素进行分类并逐一分析。

一、大学生个人特征的影响分析

本次调查问卷中(见表2-4),我们将性格结构分为理智型、疑虑型和情绪型,其中在经历过极端心理危机的学生中,理智型人数占比34.42%(50/154),疑虑型人数占比20.13%(31/154),情绪型人数占比45.45%(70/154);在没有经历过极端心理危机的学生中,理智型人数占比65.38%(153/234),疑虑型人数占比7.69%(18/234),情绪型人数占比26.92%(63/234),差异具有统计学意义($\chi^2 = 37.459$,$p = 0.000 < 0.05$)。我们将心理倾向分为外倾型、内倾型和混合型,其中在经历过极端心理危机的学生中,外倾型人数占比11.04%(17/154),内倾型人数占比27.27%(42/154),混合型人数占比61.69%(95/154);在没有经历过极端心理危机的学生中,外倾型人数占比20.51%(48/234),内倾型人数占比19.23%(45/234),混合型人数占比60.26%(141/234),差异具有统计学意义($\chi^2 = 7.686$,$p = 0.021 < 0.05$)。

在经历过极端心理危机的学生中,长期情绪忧郁的学生人数占比59.74%(92/154),长期没有忧郁情绪的学生人数占比40.26%(62/

154）；在没有经历过极端心理危机的学生中，长期情绪忧郁的学生人数占比 42.74%（100/234），长期没有忧郁情绪的学生人数占比 57.26%（134/234），差异具有统计学意义（$\chi^2 = 10.744$，$p = 0.001 < 0.05$）。

在经历过极端心理危机的学生中，长期处于情绪焦虑的学生人数占比 85.71%（132/154），长期没有焦虑情绪的学生人数占比 14.29%（22/154）；在没有经历过极端心理危机的学生中，长期处于情绪焦虑的学生人数占比 71.79%（168/234），长期没有焦虑情绪的学生人数占比 28.21%（66/234），差异具有统计学意义（$\chi^2 = 10.261$，$p = 0.001 < 0.05$）。在经历过极端心理危机情绪的人群中，长期情绪不高兴和高兴的人数占比分别为 35.71%（55/154）和 64.29%（99/154）；而没经历过极端心理危机情绪的人群中，长期情绪不高兴和高兴的人数占比分别为 26.92%（63/234）和 73.08%（171/234），差异具有统计学意义（$\chi^2 = 3.392$，$p = 0.066 > 0.05$）。在经历过极端心理危机的学生中，长期情绪不处于恐怖状态和经常处于恐怖状态的人数占比分别为 94.81（146/154）和 5.19%（8/154）；而没有经历过极端心理危机情绪的学生中，长期情绪不处于恐怖状态和经常处于恐怖状态的人数占比分别为 98.29%（230/234）和 1.71%（4/234），差异具有统计学意义（$\chi^2 = 3.763$，$p = 0.052 > 0.05$）。在经历过极端心理危机情绪的学生中，在面对生活中的失败时，0.65%（1/154）的学生倾向于一辈子都不能接受失败，影响很长久；9.09%（14/154）的学生能够在很短的时间接受失败，马上积极面对失败；83.77%（129/154）的学生经过一段时间才能站起来；6.49%（10/154）的学生认为失败的经历对自己没有任何影响。没有遭受过极端心理危机情绪的学生中，在面对生活中的失败时，0.85%（2/234）的学生倾向于一辈子都不能接受失败，影响很长久；20.94%（49/234）的学生能够在很短的时间接受失败，马上积极面对失败；66.67%（156/234）的学生经过一段时间才能站起来；11.54%（27/234）的学生认为失败的经历对自己没有任何影响。差异具有统计学意义（$\chi^2 = 14.258$，$p =$

0.003＜0.05)。在遭受过极端心理危机情绪的人群中，在面对理想与现实的反差时，能够积极面对的学生占比22.08%（34/154)，对反差表示理解的学生占比70.78%（109/154)，3.9%（6/154)的学生以消极的态度面对现实与理想的反差，而3.25%（5/154)的学生无法接受现实与理想的反差；没有遭受过极端心理危机的人群中，在面对理想与现实的反差时，能够积极面对的学生占比30.77%（72/234)，对反差表示理解的学生占比67.09%（157/234)，1.71%（4/234)的学生以消极的态度面对现实与理想的反差，而0.43%（1/234)的学生无法接受现实与理想的反差。差异具有统计学意义（χ^2 = 9.249，p = 0.026＜0.05)。在遭受过极端心理危机的人群中，在心理危机对自己造成消极影响时，37.66%（58/154)的学生选择尽自己所能，积极寻找帮助；37.66%（58/154)的学生认为要保持清醒，乐观对待；2.6%（4/154)的学生认为人微言轻，什么都不做；22.08%（34/154)的学生不太清楚，视情况而定。在没有遭受过极端心理危机情绪的人群中，发生心理危机后，如何应对心理危机给自己造成的消极影响，30.77%（72/234)的学生选择尽自己所能，积极寻找帮助；54.7%（128/234)的学生认为要保持清醒，乐观对待；1.28%（3/234)的学生认为人微言轻，什么都不做；13.25%（31/234)的学生不太清楚，视情况而定。差异具有统计学意义（χ^2 = 12.155，p = 0.007＜0.05)。

表2-4　某校大学生关于是否遭受过极端心理危机的列联表分析（个人特征）

		是否遭受心理危机		卡方值 F	P 值	经历过百分比	没经历过百分比
		经历过	没经历				
性格结构	理智型	53	153	37.459	0.000	34.42%	65.38%
	疑虑型	31	18			20.13%	7.69%
	情绪型	70	63			45.45%	26.92%

续表

		是否遭受心理危机		卡方值 F	P 值	经历过百分比	没经历过百分比
		经历过	没经历				
心理倾向	外倾型	17	48	7.686	0.021	11.04%	20.51%
	内倾型	42	45			27.27%	19.23%
	混合型	95	141			61.69%	60.26%
长期情绪（忧郁）	无忧郁	62	134	10.744	0.001	40.26%	57.26%
	忧郁	92	100			59.74%	42.74%
长期情绪（焦虑）	无焦虑	22	66	10.261	0.001	14.29%	28.21%
	焦虑	132	168			85.71%	71.79%
长期情绪（高兴）	不高兴	55	63	3.392	0.066	35.71%	26.92%
	高兴	99	171			64.29%	73.08%
长期情绪（恐怖）	无恐怖	146	230	3.763	0.052	94.81%	98.29%
	恐怖	8	4			5.19%	1.71%
失败影响	一辈子	1	2	14.258	0.003	0.65%	0.85%
	马上积极面对	14	49			9.09%	20.94%
	要经过一段时间站起来	129	156			83.77%	66.67%
	不会造成影响	10	27			6.49%	11.54%
反差态度	积极面对	34	72	9.249	0.026	22.08%	30.77%
	表示理解	109	157			70.78%	67.09%
	消极面对	6	4			3.90%	1.71%
	无法接受	5	1			3.25%	0.43%
行为措施	尽自己所能，积极寻找帮助	58	72	12.155	0.007	37.66%	30.77%
	保持清醒，乐观对待	58	128			37.66%	54.70%
	人微言轻，什么都不做	4	3			2.60%	1.28%
	不太清楚，视情况而定	34	31			22.08%	13.25%

二、大学生家庭状况的影响分析

本次调查问卷中，如表2-5所示，在经历过极端心理危机的学生中，父母关系非常和谐的占比32.47%（50/154），比较和谐的占比41.56%（64/154），一般和谐的占比15.58%（24/154），比较不和谐的占比7.14%（11/154），非常不和谐的占比3.25%（5/154）；在没有经历过极端心理危机的学生中，父母关系非常和谐的占比50.85%（119/234），比较和谐的占比37.61%（88/234），一般和谐的占比8.97%（21/234），比较不和谐的占比2.14%（5/234），非常不和谐的占比0.43%（1/234），差异具有统计学意义（$\chi^2 = 21.497$，$p = 0.000 < 0.05$）。在经历过极端心理危机的学生中，核心家庭（父母、自己/兄弟姐妹）占比70.13%（108/154），大家庭（三代及以上）占比21.43%（33/154），单亲家庭占比8.44%（13/154）；在没有经历过极端心理危机的学生中，核心家庭（父母、自己/兄弟姐妹）占比71.79%（168/234），大家庭占（三代及以上）占比26.07%（61/234），单亲家庭占比2.14%（5/234），差异具有统计学意义（$\chi^2 = 8.820$，$p = 0.012 < 0.05$）。在经历过极端心理危机的学生中，家庭经济状况非常好的人数占比0.65%（1/154），家庭经济状况较好的人数占比14.29%（22/154），家庭经济状况一般的人数占比56.49%（87/154），家庭经济状况较差的人数占比26.62%（41/187），家庭经济状况非常差的人数占比1.95%（3/154）；在没经历过极端心理危机的学生中，家庭经济状况非常好的人数占比2.14%（5/234），家庭经济状况较好的人数占比23.50%（55/234），家庭经济状况一般的人数占比62.39%（146/234），家庭经济状况较差的人数占比11.97%（28/234），家庭经济状况非常差的人数占比0.00%，差异具有统计学意义（$\chi^2 = 21.623$，$p = 0.000 < 0.05$）。在经历过极端心理危机的学生中，家庭教育方式为民主式的人数占比8.44%（13/154），家庭教育方式为专制式的人数占比39.61%（61/154），家庭教育方式为溺爱式的人数占比42.21%（65/154），家庭教育方式为忽视式的人数占比

9.74%（15/154）；在没经历过极端心理危机的学生中，家庭教育方式为民主式的人数占比 19.23%（45/234），家庭教育方式为专制式的人数占比 39.74%（93/234），家庭教育方式为溺爱式的人数占比 33.76%（79/234），家庭教育方式为忽视式的人数占比 7.26%（17/234），差异具有统计学意义（$\chi^2 = 8.709$，$p = 0.021 < 0.05$）。

表2-5 某校大学生关于是否遭受过极端心理危机的列联表分析（家庭状况）

		是否遭受心理危机		卡方值 F	P 值	经历过百分比	没经历过百分比
		经历过	没经历				
父母关系	非常和谐	50	119	21.497	0.000	32.47%	50.85%
	比较和谐	64	88			41.56%	37.61%
	一般和谐	24	21			15.58%	8.97%
	比较不和谐	11	5			7.14%	2.14%
	非常不和谐	5	1			3.25%	0.43%
家庭结构	核心家庭（父母、自己/兄弟姐妹）	108	168	8.820	0.012	70.13%	71.79%
	大家庭（三代及以上）	33	61			21.43%	26.07%
	单亲家庭	13	5			8.44%	2.14%
家庭经济状况	非常好	1	5	21.623	0.000	0.65%	2.14%
	较好	22	55			14.29%	23.50%
	一般	87	146			56.49%	62.39%
	较差	41	28			26.62%	11.97%
	非常差	3	0			1.95%	0.00%
家庭教育方式	民主式	13	45	8.709	0.021	8.44%	19.23%
	专制式	61	93			39.61%	39.74%
	溺爱式	65	79			42.21%	33.76%
	忽视式	15	17			9.74%	7.26%

三、社会状况对大学生的影响分析

在本次调查问卷中，如表2-6所示，在经历过极端心理危机的学生中，对自己专业持满意态度的人数占比3.25%（5/154），持比较满意态度的人数占比35.06%（54/154），持一般态度的人数占比44.81%（69/154），持不太满意态度的人数占比13.64%（21/154），持很不满意态度的人数占比3.25%（5/154）；在没经历过极端心理危机的学生中，对自己专业持满意态度的人数占比7.69%（18/234），持比较满意态度的人数占比50.00%（117/234），持一般态度的人数占比34.62%（81/234），持不太满意态度的人数占比6.84%（16/234），持很不满意态度的人数占比0.85%（2/234），差异具有统计学意义（$\chi^2 = 17.739$，$p = 0.001 < 0.05$）。在经历过极端心理危机的学生中，对自己的就业前景持很乐观态度的人数占比8.44%（13/154），持比较乐观态度的人数占比37.66%（58/154），认为难说的人数占比33.77%（52/154），持不太乐观态度的人数占比13.64%（21/154），持很不乐观态度的人数占比6.49%（10/154）；在没经历过极端心理危机的学生中，对自己的就业前景持很乐观态度的人数占比12.39%（29/234），持比较乐观态度的人数占比41.45%（97/234），认为难说的人数占比29.91%（70/234），持不太乐观态度的人数占比14.96%（35/234），持很不乐观态度的人数占比1.28%（3/234），差异具有统计学意义（$\chi^2 = 9.753$，$p = 0.045 < 0.05$）。在经历过极端心理危机的学生中，宿舍关系非常不和谐的人数占比3.25%（5/154），比较不和谐的人数占比42.86%（66/154），关系一般的人数占比36.36%（56/154），比较和谐的人数占比17.53%（27/154）；在没经历过极端心理危机的学生中，宿舍关系非常不和谐的人数占比1.71%（4/234），比较不和谐的人数占比23.93%（56/234），关系一般的人数占比52.14%（122/234），比较和谐的人数占比22.22%（52/234），差异具有统计学意义（$\chi^2 = 17.566$，$p = 0.001 < 0.05$）。

表2-6 某校大学生关于是否遭受过极端心理危机的列联表分析（社会状况）

		是否遭受心理危机		卡方值 F	P 值	经历过百分比	没经历过百分比
		经历过	没经历				
专业满意情况	满意	5	18	17.739	0.001	3.25%	7.69%
	比较满意	54	117			35.06%	50.00%
	一般	69	81			44.81%	34.62%
	不太满意	21	16			13.64%	6.84%
	很不满意	5	2			3.25%	0.85%
就业前景	很乐观	13	29	9.753	0.045	8.44%	12.39%
	比较乐观	58	97			37.66%	41.45%
	难说	52	70			33.77%	29.91%
	不太乐观	21	35			13.64%	14.96%
	很不乐观	10	3			6.49%	1.28%
宿舍关系	非常不和谐	5	4	17.566	0.001	3.25%	1.71%
	比较不和谐	66	56			42.86%	23.93%
	一般	56	122			36.36%	52.14%
	比较和谐	27	52			17.53%	22.22%

四、大学生遭受极端心理危机的其他因素分析

是否遭受过极端心理危机为因变量（否 = 0，是 = 1），将列联表分析中有统计学意义的 14 个相关因素作为自变量，运用向前逐步回归法建立多因素 logistic 回归模型，我们筛选出有显著意义的变量，结果如表 2-7 所示：性格特征（OR = 1.670，95% C. I. = 1.308 ~ 2.134），长期焦虑（OR = 1.862，95% CI = 1.050 ~ 3.302），父母之间关系（OR = 1.426，95% CI = 1.100 ~ 1.848），家庭经济状况（OR = 1.718，95% CI = 1.201 ~ 2.457），专业满意度（OR = 1.417，95% CI = 1.057 ~ 1.899），均与遭受过极端心理危机具有较强的相关性。疑虑型和情绪型性格、长期焦虑、父母关系不和谐、家庭经济状况较差、专业满意度不高的人群更容易遭受心理危机。

表 2-7　大学生遭受极端心理危机的多因素非条件 Logistic 回归分析 （n =388）

变量	B 值	标准误	Wals	P 值	OR 值	OR 值95% C. I.	
						下限	上限
x7 （性格特征）	. 513	. 125	16. 860	. 000	1. 670	1. 308	2. 134
x13 长期焦虑	. 622	. 292	4. 526	. 033	1. 862	1. 050	3. 302
x24 父母之间关系	. 355	. 132	7. 171	. 007	1. 426	1. 100	1. 848
x29 家庭经济状况	. 541	. 183	8. 782	. 003	1. 718	1. 201	2. 457
x31 专业满意度	. 348	. 149	5. 441	. 020	1. 417	1. 057	1. 899
常量	− 5. 045	. 717	49. 496	. 000	. 006		

 第三节
大学生极端心理危机实证分析的结论与建议

一、调查结论

本研究表明，大学生中极端心理危机的总发生率为 21.65%。男生遭受极端心理危机的发生率略高于女生，但并不明显；研究生心理危机的发生率高于本科生，这可能与研究生的科研压力大有关。

不同年级学生的心理危机发生率有较大差异，大三年级学生的心理危机发生率最高，其次为大四年级，再次是大二年级，最后是大一年级，这与后面有关压力的分析结果比较吻合。笔者进行的有关压力的分析结果显示：学业压力是学生最大的压力，其次是人际关系、家庭经济状况、恋爱、就业等。大三学年是学习任务最重的一年，一般学校都会把专业的核心课程和主要课程放在大三学年来开展，同时，大三学年也是学生做出职业规划和就业选择的关键期，这一阶段的选择决定了大四毕业时候的去向。因此，一方面大三学生面临的学业压力最大；另一方面，大三学生面临选择未来毕业去向的压力，各种压力的重合使得大三学生更容易产生心理危机。

研究还发现，不同专业类别的大学生心理危机发生率各不相同，理科类专业的大学生的心理危机发生率比人文社科类学生和工科类学生的发生率高，这与理科类学科的特点有关，比如注重数据分析、注重独立、冷静、严谨的性格特点等，但与"大学生心理危机筛查问卷的编制及调查分析"的研究结果有些不同，需要做进一步的调查与分析。

进一步的数据分析发现，相比其他影响因素，疑虑型和情绪型的性格、长期焦虑的情绪、父母关系不和谐、家庭经济状况较差、专业满意度不高是影响大学生心理危机的更为重要的因素，这部分同学也更容易遭受心理危机。

二、调查建议

结合调查的数据和作为高校教育工作者的实际工作经验，笔者对高校如何开展心理健康工作和预防大学生心理危机的发生提出以下建议：

1. 以积极心理学为指导，塑造学生的积极人格

调查结果显示，性格特征、心理倾向、情绪特点与大学生心理危机的发生有着密切联系。因此，要预防大学生心理危机事件的发生，应注重培养大学生积极向上的性格，塑造大学生良好的人格。积极心理学理论指导下的心理健康教育，是"在继承和整合积极心理健康、积极心理治疗、积极心理学、积极教育诸方面思想和实践的基础上，形成的以积极和发展为取向，有目的、有计划地增进学生心理健康的理论和实践体系"[81]，其重点是关注全体学生积极心理品质的形成。在积极心理学指导下，课堂教学要采取符合学生心理特点的教学内容和方式，帮助学生塑造积极的人格，获得积极的体验，养成乐观的心态；在课堂教学之外，要积极开展各种丰富多彩的实践活动，通过"在学科中渗透、在活动中体验"的方式，调动学生学习的积极性，使学生学会做自己情绪的主人；通过各种途径，提升学生的身心素质，塑造学生的积极人格[82]。

2. 开展职业生涯规划教育，增强大学生的抗压能力

调查结果显示，当前大学生最大的压力来自学习，引导学生科学地树立学习目标，使他们拥有学习的动力，掌握应对压力的办法，将极大地减

小心理危机事件发生的概率。职业生涯规划教育正好与此要求相契合。职业生涯教育能为学生的职业发展指明方向，帮助他们树立新的学习目标，激发他们的学习动力，发挥他们的优势和内在力量，增强他们的抗压能力。要将职业生涯规划教育与自我意识教育、人际交往教育、情感管理教育、学习压力应对教育等结合起来，培养学生良好的心理品质，锻炼学生各方面的能力，培养学生的社会责任感，优化学生的心理素质。

3. 构建完善的社会支持系统，缓解大学生的心理压力

调查结果显示，父母关系、宿舍关系、恋爱压力等人际关系方面的问题是大学生心理危机发生的重要影响因素。因此，要充分调动各方面的力量，构建完善的社会支持系统，从而缓解大学生的心理压力。良好的家庭环境和氛围对大学生心理危机的预防至关重要。平等、民主、自由、向上、和谐的家庭氛围和关系是学生积极乐观品格形成的基础。父母长辈的乐观性格对孩子也起到非常重要的示范作用。拥有乐观积极品格的学生在遇到问题时，不容易悲观绝望，也能够更多地寻求支持和帮助。良好的人际关系往往可以帮助大学生缓解心理压力，克服心理障碍，防止极端心理危机事件的发生。因此，要创造各种条件，开展系列活动来提高大学生的人际交往能力，促进大学生之间良好的人际互动[83]。

可以以宿舍为单位开展人际交往技能训练，提高大学生处理宿舍关系的能力，也可以设立心理俱乐部，提供朋辈心理辅导。

4. 提高学校办学水平，提升学生的专业满意度

调查结果显示，专业满意度也与大学生心理危机的发生有着较强的相关性。因此，要不断提高学校的办学水平，提升学生的专业满意度，从而预防大学生心理危机的发生。要建立合理的政策和制度保障机制，充分尊重学生的专业选择，尽可能让学生根据自己的兴趣选择专业，设立合理的学生转专业制度；应着力加大基础设施投资力度，改善办学条件，为学生创造优美舒适的校园环境；要优化课程设置，紧紧围绕专业培养目标和毕业要求，将反映学生职业预期的专业核心能力素质要求融入培养过程的每个环节；教师要不断提升教育教学水平，善于启发诱导，激发学生的学习兴趣，使学生增强专业自信心[84]。

积极心理学与大学生极端心理危机干预

积极心理学（Positive Psychology）关注的是力量和美德等人性中的积极方面，致力于使人的生活更加富有意义，这一观点在西方心理学界引发了人们普遍的兴趣和关注。在西方，有关积极心理学的研究，主要集中在积极的情绪和体验、心理过程、个性特征等对心理健康的影响方面。本章主要介绍的是积极心理学的相关理论和发展历程，分析积极心理学的研究成果在极端心理危机干预过程中的价值和意义，初步探索积极心理学与心理弹性、团体心理辅导的关系，以及如何在积极心理学理念指导下开展大学生心理危机干预工作。

第一节
积极心理学的产生与发展

一、积极心理学的产生

自 1879 年脱离哲学获得独立以后，心理学的发展面临的任务主要有三项：第一，治疗人的精神和心理疾病；第二，帮助普通人生活得更加幸福，更有意义；第三，发掘并培养天才。第二次世界大战以前，研究者对这三个方面是同等关注的，在各方面也都取得了很大的进展；二战以后，面对战争产生的创伤、社会的不安及人们心理和精神上的疾病，心理学的主要任务则是治疗因战争产生的创伤者和精神疾病患者，为其寻求有效缓解和治疗心理或行为紊乱的方法，心理学其他两项任务似乎逐渐被遗忘了。

对积极心理学的研究，最早可以追溯到 20 世纪 30 年代，学者 Terman 关于天才和婚姻幸福感的研究，以及荣格的相关研究。二战时期这种研究被迫中断，直到 20 世纪五六十年代，以马斯洛、罗杰斯等为代表的人本主义心理学又重新关注起人类心理学的积极方面，为现代心理学的崛起初步奠定了理论基础。但是早期的积极心理学家为了能跻身主流心理学领域，而选择否认自身与人本主义心理学的关系。从两者的理论基础来看，不难看出它们之间的渊源关系，比如，两者都重视人的积极层面，几乎都拥有相同的研究主题，如积极情绪和积极人格（马斯洛称为健康人格）。而且积极心理学努力发掘患者身上存在的种种能力和自助潜力，这与人本主义的"以当事人为中心"的心理治疗观如出一辙，都强调当事人自身的自助变化。直到 2002 年，大多数积极心理学家被迫承认人本主义心理学是积极心理学的一个重要发展渊源。

此外，后现代建构主义心理学理论也对积极心理学的发展产生了一定影响，主流方向的社会建构主义认为，任何一种建构方式都必须通过人与社会（环境、他人）的互动才能得以实现。这也表明积极品质的形成离不开环境的作用，同时积极心理学也将积极组织系统的构建作为自身一个重要的研究方向。除此之外，20 世纪 50 年代末美国兴起的初级预防和增进健康运动也被人们认为是西方积极心理学运动的先驱代表。

积极心理学在 20 世纪末得到了重大发展，首倡者是 APA（American Psychiatrical Association）前任主席塞利格曼（Martin E. P. Seligman）及其搭档奇克森特米哈利（M. Csikzentmihalyi）。Seligman 从 20 世纪六七十年代起就开始研究"习得性无助"这一概念。在对动物做实验的过程中，若给狗重复施加其无法躲闪的电击刺激，长此以往狗就会出现"习得性无助"行为，它会逐渐对本可以避开的电击不再躲避。人的某些行为或行为结果在一定刺激下也会出现"习得性无助"现象，从而产生抑郁。之后的研究，Seligman 发现不仅无助是可以"习得"的，乐观也可以通过学习获得。学会保持乐观的心态不仅有助于避免抑郁的发生，在实际中也有助于自身健康水平的提高。1997 年，塞利格曼就任 APA（American Psychological Association）主席时提出了"积极心理学"的思想。1998 年，他又在 APA 年度大会上明确提出要将建立积极心理学作为自己在任期间的一大任务，从这时起积极心理学开始正式受到世人关注。在 2004 年出版的《现代心理学史》第 8 版中，美国心理史学家舒尔茨已将积极心理学和进化心理学作为当代心理学的最新研究方向。

二、积极心理学的发展

积极心理学是致力于研究人的美德和发展潜力等积极品质的一门科学，重点研究的是人自身的积极因素，提倡用一种积极向上的心态来对人的许多心理现象包括心理问题做出新的解读，从而激发个体自身内部的积极力量和优秀品质，并利用这些积极力量和优秀品质来帮助人们最大限度地挖掘自己的潜力，从而获得快乐幸福的高质量生活[85]。积极心理学要求心理学家用一种欣赏的、更加开放的眼光去看待人类自身的潜能、动机和能力，研究人类身上的积极品质，关注人类的生存与发展，强调人类的价值。积极心理学的发展是对传统心理学的继承和补充，同时也是对人本主义心理学的超越和发展。

（一）积极心理学是对传统主流心理学的继承和补充

传统主流心理学是指二战结束以后的心理学，它的研究重点是"心理问题"，主要目的是对个体的缺陷进行弥补，对个体的伤害加以修复，这就导致心理学被误认为是"消极心理学"或"病态心理学"。积极心理学认为，心理学不应仅仅对损伤、缺陷和伤害等进行研究，也应该对力量和优秀品质等进行研究；治疗不应仅仅是对损伤和缺陷的修复和弥补，更应是对人类自身所拥有的潜能和力量的发掘；心理学不应仅仅是关于疾病或者健康的科学，它更应是关于工作、成长、爱、教育和娱乐的科学。

如果将积极心理学的兴起看作对现代心理学的拯救，这似乎有一点过分，因为传统心理学本身绝不完全是针对病理性的心理学，它也在研究人的积极品质，只是关注的程度还不够。但不可否认的是，积极心理学的兴起确实拓宽了现代心理学在理论和实践方面的视野，这的确是一个客观事实。积极心理学的兴起也并不是要把以问题为核心的病理性心理学挤出心理学的阵营，它只是对病理性心理学的一种补充，这种补充最大的意义在于使心理学的功能变得完善，使心理学在原本的任务上变得更加丰富。

（二）积极心理学是对人本主义心理学的超越

人本主义心理学追求人的自我实现和高峰体验，而积极心理学追求的却是人的主观幸福和积极体验。在研究内容方面，两者都强调心理学要研究主体的愿望、责任、积极情绪和积极人格（马斯洛称为健康人格）等。人本主义心理学起初以反行为主义心理学的姿态登上心理学领域舞台，并成了具有反一切实证主义倾向的心理学领域。而不管是在20世纪60年代，还是在21世纪的今天，实证主义心理学一直处在西方心理学发展的主流地位。这样看来，人本主义心理学似乎总是徘徊在传统主流心理学的外围。

积极心理学则吸取了人本主义心理学的教训，在发展上表现出很大的超越性。自2002年起，积极心理学就一直自称其是对传统主流心理学的补充，否认自己是一次心理学革命。积极心理学只是用不太响亮的声音指出了传统主流心理学的不足——忽视了人的积极方面，偏离了心理学发展的平衡观。但在方法论上，积极心理学在选择性地接受人本主义研究方法的同时，似乎也接受了传统主流心理学的一切研究方法。因此，积极心理学很快就得到了传统主流心理学的接受和认可。

三、积极心理学的主要理论观点

（一）积极的情感体验

所谓体验，即人们借助情绪将受外界刺激而做出的心理反应表达出来，所以又将其命名为情绪体验。学界对"积极"这一词语的理解存在着不同之处，使得积极的情绪体验作为一个备受争议的概念而存在。一部分人认为，所谓积极，就意味着快乐和阳光。如拉尔森和狄纳于1992年在《人格与社会心理学的回顾——情绪》一文中指出，积极情绪就是一种具有正向价值的情绪。而其他学者认为，积极情绪并非只是一种具有正向价值的情绪，它所指的应该是能够激发人们产生行为或行为倾向的情绪，即产生情绪的主体对情绪的对象所表现出来的接近的行为趋向。有关于积极情绪定义的两种争议均具有一定道理，前者从价值功能属性角度出发，具有明显的价值倾向，更易于和我们的日常生活相结合；后者从操作属性出发，倾向于操作层面的实证意义，在心理学研究中可以更好地控制和应用。本书中的积极情绪意指向后者，也是大多数的心理学家普遍认同的研究趋势，即积极情绪体验是人们积极的主观感受体验，是一种能够促进人们自发地对其身处的环境产生亲近感，对正在做的事情产生愉悦感的情绪体验，即所谓的"接近性行为"。积极的情绪体验是多种多样的，在众多的积极体验中，主观幸福感的体验居于核心地位。幸福感是一种主观性很强的情感体验，其具体表现为兴高采烈还是心平气和则根据个体情况而定。大部分的心理学家认为，一个人的幸福感是他对照自己的标准对其自身生活水平的综合性评估产生的一种积极体验。积极心理学同样认定主观幸福感是个体在主观意念上对自己已有的生活同自己理想中的生活的吻合程度的主观感受。美国心理学家狄纳概括了主观幸福感的三个主要特点：首先，它存在于个体的体验之中，具有强烈的主观性。个体对自己是否幸福的判断是基于其对自己主观判断标准的基础之上的，虽然不同个体具有同等程度上的幸福感受，却由于各自不同的判断标准而导致其主观幸福体验存在差异。第二，主观幸福感不仅仅指主体没有消极层面上的情感体验，更重要的是主体具备能够体验到积极情绪的能力。第三，主观幸福感并非个体对其所处环境中单独某一环境领域的感受，而是指其对自身所处的总体环境的总体体验，是一个人积极体验的核心，也是其生活的最高目标。

（二）积极的人格特质

"人格"一方面代表个体在遵循社会普遍认同的价值观的基础之上而表现出的外在的思维方式和行为风格，另一方面代表个体内在的、潜藏的、因某种特殊原因而没有显露出来的独特的品质。积极人格教育主张对人自身蕴含着的正能量进行挖掘，通过对个体内在的积极品质（包括显在的和潜在的）的激发式培育和积累式增长，达到帮助有问题的人抑制消极人格，帮助普通人生活得更加美好的目的。积极心理学对于人格的研究，是基于对传统心理学有关人格研究所存在问题的多重反思而形成的。积极心理学有关人格的理论研究主要包括以下三个观点：第一，有关积极人格特质的研究。积极心理学主张对人格的研究不能够只考虑问题人格，对产生该类型人格的因素和干预手段的分析，更应聚焦于与之相反的优秀人格，以及影响该类型人格的因素和鼓励手段的分析，从本质上说应是一种积极的人格理论。第二，有关人格形成过程中各因素的影响。外在的人格特征和社会环境在一定程度上可以影响甚至改变人的生理机制。人格受其生理机制、个体行为、外在环境的交互影响。在对人格的研究过程中，我们发现，虽然先天存在的生理性因素会对人格的形成产生作用，但个体所处的后天社会环境对人格的影响也是不容忽视的。第三，有关人的能力和潜力在人格形成过程中的作用研究。对人的能力和潜力在个体人格构建过程中的作用的忽略就是对人在发展过程中的主动性的忽视。基于以上几点，塞利格曼建立并分别对 6 种美德加以定义，分别是智慧、勇气、仁爱、公正、节制、卓越，而后针对每种美德，又细分出 24 种可测量的并且可以习得的积极人格特质。这个系统又被叫作"人格优势的价值实践分类系统"（VIA, Values in Action Classification of Strength），它为构建积极人格的实践提供了目标和标准，使积极人格的研究更加"科学化"。

（三）积极的社会组织系统

积极心理学认为个体成长经验的获得是通过一定的组织系统表现出来的。家庭、学校、社会等共同构成的社会组织系统，是个体情感体验的主要来源，对人的人格构建产生影响，在人的成长和经验获取中起着至关重要的作用，有助于培育和发展人的积极力量和积极品质。因而，积极心理学十分重视对于积极组织系统的研究，提出将有关人的积极情绪和积极人格的研究置于积极组织系统的环境研究系统逻辑之下，以系统化的观点，对人的积极力量和积极品质进行培育及综合性的考量，这种方法被称为"积极组织系统法"[86]。

四、积极心理学的特征

（一）在人性观上实现了从消极到积极的飞跃

精神分析心理学和行为主义心理学是消极心理学的两种典型代表，两者在人性观上具有诸多共同点：（1）"人兽不分"，认为人与机器或动物之间没有什么区别，人本身毫无独特性；（2）认为人要么是本能的奴隶，要么是环境的牺牲品，毫无主动性；（3）关注人的消极方面，关注人的过去或者现在，重视人的早期经历对人心理发展的影响，但对人的发展潜力和未来的发展关心不够；（4）接受还原论的思想，注重个体、部分，忽视人的整体性。

与消极心理学相反，积极心理学将自我决定论视为基本理论，认为人是能够自我决定的，人具有天生的心理成长和发展的潜能，以及自主、关系、能力等基本的心理需要。Seligman 认为美德、力量等"积极品质"不仅来源于经历，也有部分先天的成分存在，这为"积极品质"的建构和培养预留了空间。N. Peseschkian 承认人具有认识和爱这两种基本能力，这两种基本能力是每一个人都具备的心理素质，为每一个个体的未来发展提供了无限可能性。积极心理学家坚持"人"是高度自主、能够进行自我适应和自我调节的个体，其不仅受到人的生物属性的影响，也是人与环境、社会不断建构的结果，人自身蕴涵的力量既能战胜心理疾病，也能带我们通向美德的阶梯。

（二）在研究内容与主题上实现了从聚焦人的消极面到积极面的跨越

消极心理学以病态下的人或平常人作为研究对象，考察的仅是人的无意识领域和外显行为，以性欲、冲突、本能、焦虑、压抑、适应、刺激与反应等来反映人的缺陷与弱点，这一类消极性的词汇充斥在心理学书籍中，反映出人性的自私、无助与悲凉，以及疾病、贫穷、歧视、战争、父母早丧和离婚等负面因素。

基于积极的人性观，积极心理学家提出拓延—构建理论（Broaden-and-Build Theory）。"积极情绪的体验能拓展个体的瞬间思维——行动能力，并进而构建和完善人的生理、智力和社会资源，增进心理健康"，"个体的积极品质，比如美德、力量等具有缓冲器的作用，是战胜心理疾病的武器"的论断促使美国主流心理学重新理解、诠释和评价"积极"的内涵和作用。在此基础上，Seligman 明确指出："心理学不仅是关于疾病、弱点和损伤的研究，也是关于力量和美德的研究；心理治疗也不仅是盯着人的短处与弱点，也要建构人的积极方面；心理学不仅只是关注疾病和健康，同时还要关注工作、教育、洞察力、爱、成长和娱乐。"于是，积极心理学的目标就是促使人们把关注的焦点从修复生活中最坏的东西转移到建立正面的、积极的品质上来。其意欲研究的主题和内容：一是涉及人的主观层面的重要的主观体验，例如幸福感、满意、满足（对过去的）、希望和乐观（对未来的）、畅快和快乐（在目前的）等。二是涉及个体层面的积极的个体特质，例如爱和工作的能力、勇气、人际关系技能、对美的感受性、坚持、宽恕、独创性、对未来的憧憬、灵性（spirituality）、天赋及智慧等。三是涉及群体层面上的公众品质，例如责任感、教养、利他、礼貌、适度、容忍和职业道德等。

（三）在研究方法上坚持运用客观实证的研究方法

积极心理学家看到了科学研究方法给心理学研究带来的巨大收益，C. R. Snyder 和 Shane J. Lopez 明确提出："实验设计以及复杂的统计学分析在病理学模式范围内所取得的所有进展都可以为积极心理学所用。一种切实可行又持久发展的积极心理学不是建立在扶手椅上的哲学沉思的基础上的，而是建立在可用经验来验证，用最新的统计学程序来分析的基础之上的假设。"于是，遵循实证的精神，继承科学心理学的传统，采用严格的、客观的、实验的方法成为积极心理学与消极心理学研究的共同特征。但是，二者的区别在于相同的研究方法却用于研究不同的内容和主题，因素分析、多元回归分析、路径分析和理论建模等各种先进的统计方法和实验设计在积极心理学研究中的大量运用，开辟了用自然科学的方法研究人的动机、幸福感和力量等诸多积极品质的崭新道路，使心理学面貌焕然一新。

（四）在心理治疗上实现了从事后"治疗"模式到积极"预防"思想的转变

消极心理学代表之一的精神分析其本身就源于心理治疗的实践，它认为各种本能，尤其是性本能的压抑和过去的心理创伤是导致心理疾病的根源。而心理治疗的目标就是通过精神分析，帮助患者寻找症状背后的本能冲动和无意识动机，产生意识层面的领悟。

Seligman 批评在消极心理学理论指导下的心理治疗遵循的必然是"病理学"模式，究其实质是一种注重事后"治疗"的模式。尽管该模式为心理治疗的发展做出了贡献，但也为其涂上了诸多消极色彩。在批评的同时，积极心理学形成了新的理念和实践：（1）新的心理健康标准。"不是没有任何问题的人才是健康的，而是能够应付问题的人才是健康的"，幸福感的增长成为衡量心理健康与否的标准。（2）积极"预防"思想成为心理治疗的核心思想。积极心理学认为心理治疗"并非首先以消除病人身上现有的紊乱为目的，而是首先在于努力发动患者身上存在的各种能力和自助潜力"，"通过认识和塑造、关注困境中那些人自身的力量，我们将能有效地预防疾病的发生"，而不是等疾病发生了再去治疗。积极心理学的研究表明，美德、力量等个体的积极品质的确具有缓冲器的作用，能成为战胜心理疾病的武器，积极品质的系统建构与培养能成为心理治疗的有效途径。Seligman 指出"预防的大部分工作将是致力于创建有关人类力量的科学，它的任务是理解和研究怎样在年轻一代培养优秀品质"。（3）在积极心理治疗中，患者或咨询者担当积极和重要的角色，并认为只有通过患者、治疗师和社会环境之间的互动关系，使患者或咨询者自身的积极认识、积极情感和积极品质得以激发才会收到最佳效果。心理治疗师在其中只是履行控制和检查的职能。

（五）在研究目的上实现了从"控制人"到"追寻幸福人生"的提升

Seligman 认为二战后的心理学逐渐变成"治疗"的科学，却将心理学的最大使命——使人类生活得更幸福、更有意义遗忘了。于是，他高举"人性"大旗，意欲突破消极心理学的局限，试图回答什么是快活的人生（Pleasant life）、什么是美好的人生（Good life）、什么是有意义的人生（Meaningful life）等问题，把怎样使人获得幸福和让人过上有意义的生活作为最终的研究目的。这样，人的诸多积极品质被纳入心理学的研究视野，人的主观内心世界有了被客观了解和科学揭示的可能。

从"控制"人到"追寻"幸福人生，意味着主流心理学的研究任务和目的的发生了根本转变，它试图正面回应时代和社会提出的挑战，解决人类面临的各种现实问题，使科学具有了某种人文的情结，体现了科学心理学对人类命运的深切关怀。

与传统心理学试图超越价值、超脱情感不同，马斯洛从一开始就带着对人类命运强烈的人道主义关怀，以促进社会和平、幸福为己任，试图建立一种"和平餐桌"的心理学，并证明"人类能够超越战争、偏见、仇恨等，而臻于更完善、更高超的境界"。这种心理学注定会关注人的独特性和主动性，关注人的内心体验，关注"什么是善""什么是德行""什么样的人是好人""什么样的生活才是幸福生活"。

五、积极心理学的意义

积极心理学的核心思想在于强调人本身所固有的积极因素，强调人的价值与人文关怀，主张心理学的研究要以人实际的、潜在的、具有建设性的力量、美德和善端为出发点，用积极的心态对人的心理现象做出新的解读，寻找其规律，从而激发人自身内在的积极力量和优秀品质，并利用这些积极力量和优秀品质来帮助普通人或具有一定天赋的人最大限度地挖掘自身的潜力并获得幸福的生活。积极心理学自诞生以来对心理学的发展产生了巨大的影响，主要表现在以下两个方面[87]：

（一）从不平衡到平衡：对心理学现代重构的意义

积极心理学这个词最早出现在马斯洛的著作《动机与人格》中，当时该书最后一章的标题为"走向积极心理学"。但此后的几十年中，这个词并没有引起人们太多的注意，直到塞利格曼在美国心理学会年度大会上明确提出把建立积极心理学作为自己任职主席的一大任务时，积极心理学才开始正式受到世人的关注。这样看来，积极心理学似乎是突然出现的一个新名词，其实不然，尽管在过去的几十年中，积极心理学这个名词没有被人们所提及，但许多心理学家——包括人本主义心理学家和心理健康专家却在积极心理学领域做了许多有益的工作。正是这些专家学者们在各自领域里的辛勤劳作，才使得积极心理学的思想逐渐明朗起来，也才有了积极心理学运动今天的发展阵势。

从本意上说，积极心理学兴起的最大意义在于使心理学从不平衡到平衡。病理性心理学是人类的一大宝贵财富，它在过去曾对改善人类的生活、促进社会的进步起过重要的作用，不仅如此，病理性心理学今后仍将继续在人类进步和社会发展中扮演着重要的角色。人类需要研究各种社会和心理问题，需要弄清楚这些问题的病因，需要掌握解决或摆脱各种问题的方法和手段。但生活不是一种苦难和创伤的记忆，心理学不能只是盯住人类的各种问题和不幸，医治问题和不幸不能成为心理学的唯一任务。心理学还应该为人类的幸福和健康做出自己的贡献，还应该为正常人过上有爱的生活提供技术支持。正如美国哲学家蒂里希所说："若没有推动每一件存在着的事物趋向另一件存在着的事物的爱，存在就是不可能的，也是不现实的，在人对于爱的体验中，生命的本性才变得明显。"积极不只是人的一种原始活力，它也是人原始感性力量的一种"理性"运动。因而，心理学不仅要讲述积极的智慧，还要以积极待人、创造积极的精神，提供积极的机会，肯定积极的价值，使它的服务对象在感受积极的过程中，学会创造积极、给予积极，并最终获得一种实实在在的积极力量。心理学只有包含了积极，它才是一种完整的科学，才是一种有生命力和战斗力的科学。如果我们把人的生活分为低谷和高峰两个方面的话，那么传统心理学侧重于低谷这方面的研究，而积极心理学则侧重于人生活高峰方面的研究。因此当积极心理学兴起之后，心理学本身便成了一种结构完整的科学。

也许对病理性心理学的指责会引起许多心理学家的反感，但事实上，不平衡的病理性心理学至少存在两个不足：第一，心理学家们在病理学的范畴内对特定的人或特定的现象做出研究时，他们也可能会涉及人的某些积极力量，但这种涉及绝对是浅尝辄止的。因为病理性的模型已经为心理学划好了一片活动的领地，心理学只能在这片领地里去寻找知识。这就像一个国家的警察在追赶罪犯时，当罪犯超过边界进入另一个国家时，追赶者就只能停下来看着罪犯逃走。因此，从某种意义上说，不平衡的病理性心理学限制了心理学追求知识。第二，在病理性心理学的视野里，即使心理学家研究了人的积极力量或积极品质，他的研究也一定总是去检验这些积极力量或积极品质与心理问题之间的关系而不是去检验人的积极力量与人的健康心理状态之间的关系。因为心理学家对心理健康状态一无所知，他不知道如何解释积极力量和健康心理状态之间的关系，也不知道人类积极品质和积极力量的形成机理，他自然就不可能在这方面深入下去。

积极心理学作为一种正式运动而兴起还为时不长，但它对心理学价值平衡观的诠释，在很大程度上恢复了积极力量和积极品质在心理学中的位置。这种恢复程度在心理学上的寓意是使被遗忘了的某些心理学知识得到了重新确认，使存在于人性中的消极与积极的力量得到了某种程度上的平衡。从本质上说，积极心理学运动所做的这一切实际上是赋予了心理学本身以智慧，因为智慧是植根于生命的本原，而心理学的原则是一种对问题和美德包括才能的兼顾。智慧是人生命发展过程中一种最重要的理性力量，没有智慧的生命只能陷于一种目的冲动，并最终迷失自己的发展方向。智慧不仅只是一种对客体进行认知的知性力量，它也是一种对自我进行探求并追寻意义的反思力量。智慧给生命以力量，同样智慧也给心理学以力量，有了智慧的心理学才能真实地把握自己，才能向世界无限开放，才能去怀疑和批判世界并同时承受世界的怀疑和批判。

（二）从单一视角到双重视角：对现代心理学功能进行完善的意义

如果我们把积极心理学的兴起看作一种对现代心理学的拯救，这似乎有点过分，因为尽管病理性心理学直接导致了人积极价值的流失，但它为现代社会所做出的贡献却是有目共睹的。而且，病理性心理学为心理学的发展打下了扎实的根基，从一定意义上说，积极心理学所取得的成就在很大程度上要感谢病理性心理学所提供的技术和方法的支持。但如果我们说，积极心理学的兴起使现代心理学的功能得以完善，这应该是一个客观的事实。积极心理学对现代心理学功能的完善意义主要体现在以下两个方面：

第一，在心理的评估和测量方面的意义。评估和测量是心理学最重要的功能之一，积极心理学的兴起使得心理学的评估和测量变得更准确，也变得更有现实意义。心理学在过去的很长一段时间里，其功能主要被限定在对问题的测量上，即使有一部分心理学家也曾对人类的优秀品质做过一些检验和描述，如西卡森特米哈伊对福乐的研究、贾霍达对心理健康的描述等，但这些都不足以改变心理学的总的性质状况。心理学在很大程度上还是按照原来的标准进行评估和测量，但只提供了有关问题的评估和测量标准而没有提供任何有关积极的评估和测量标准，这使得心理学的评估和测量本身带有了某种消极的特性。从辩证法的角度来看，任何一个人，即使他有再多的问题，也一定会有一些积极的东西，如果心理学在对他进行评估和测量时没有看到他的积极方面，那这种评估和测量的结果就肯定是不正确的，至少是不精确的。

第二，在心理或行为干预方面的意义。过去一想到干预，我们头脑中就会产生一种想法：又出现了什么问题？其实，心理学不仅仅是要对种种心理问题进行干预，同时也应对种种健康进行干预，使健康再向新的或更高层次的健康发展。去掉问题的人并不一定意味着是一个健康的人，也并不意味着他已经是一个得到了发展的人。事实上，人的生命系统是一个开放的、自我决定的系统，他既有潜在的自我内心冲突机制，也有潜在的自我完善的内在能力机制。从目前的研究来看，这两套机制是相互独立起作用的，是一个系统中的两个子系统，彼此间并不存在必然的因果关系。也就是说，人的心理或行为问题去掉的本身并不一定意味着个体就能自然形成一种良好的心理或行为模式。因此，当我们把工作的重心完全放在研究潜在的自我内心冲突机制上时，我们其实忘记了人还有求得发展、求得自我实现的本性和能力。积极心理学认为心理学在致力于帮助人们去除各种问题的同时，还要致力于研究人的各种积极力量和积极品质，特别是研究各种积极力量和积极品质在人一生中的发展状况，因为对一个人来说，发展主要还是靠自身所具有的积极的累积而不仅仅是靠问题的消除。因此，积极心理学在这里就表现出了真正的健康关怀理念。

在另一方面，即使是对问题本身的干预，积极心理学也为人类寻找到了另一条有效的干预途径，那就是通过增强人的积极力量或积极品质来解决问题。人的生命过程是一个受多种外在因素影响的过程，在这个过程中，和身体一样，我们的心理会不可避免地出现各种问题，当然我们有必要对所出现的问题本身做出分析，并针对问题寻找到有效的解决办法。但这并不是克服问题的唯一途径，我们还可以通过另一条增强人的积极力量或积极品质的途径来克服问题。现代人都有这样一种常识，医治身体的疾病必须一方面通过手术切除病变的组织，另一方面也要通过增加营养或锻炼来提高人自身的体质，从而提高身体的免疫力，这样身体才会真正恢复健康。民间有句俗话："吃药吃不出健康。"人的心理健康也是同样的道理，光靠对问题本身的解决是不能真正解决问题的，人在解决问题的同时要有意识地培养自己的积极力量，也就是增强自己心理的"体质"，只要心理的"体质"水平提高了，人心理的免疫力也会相应提高。这就是说，和身体健康一样，心理健康也必须借用现在的一句流行话语——"两条腿走路"。

积极心理治疗就是通过增强人的积极力量或积极品质来干预人心理或行为问题的集中体现，积极心理治疗致力于人自身固有的积极力量，提倡用积极的心态对个体的心理问题或行为问题做出新的解读，并在此基础上通过激发个体自身的内在积极潜力和优秀品质使个体成为一个健康人，它的核心是让病人自己通过累积或发展自己已有的积极力量或积极品质来摆脱各种问题。因此，和其他模式的心理治疗相比，积极心理治疗就体现出了较好的人性意义，其在实践中表现出了良好的效果。积极心理学家们运用积极心理学的"情感扩建理论"，通过培养个体本身的积极情感来阻止危机或减缓危机对人们的影响，从而有效地帮助许多人摆脱了危机所带来的阴影面。

六、积极心理学的发展趋势

积极心理学自 20 世纪末在美国诞生至今，其发展只不过十余年的时间，可以说积极心理学的研究还很不成熟，从目前的研究现状来看，它还有许多尚待解决的问题。立足于与传统心理学研究的对比和整个心理学的研究走向，我们可以把握积极心理学未来的发展趋势[88]。

（一）积极心理学的研究领域进一步深化

目前，积极心理学的研究主要集中在积极情绪体验方面，而且积极情绪体验中主观幸福感的研究最多，而爱、快乐、乐观主义、希望、满足、自豪等积极心理体验则研究得较少或还未涉及。即使是幸福感本身，也如迪纳所言：虽然人们已经对幸福的产生与发展过程有了相当的了解，但幸福本身仍然存在众多值得研究的地方[89]。无论是从深度还是从广度来说，积极心理学的研究都很有限，远不及它所批判的消极心理学的研究成果。积极心理学还有众多的领域、众多的方面需要开拓和创新。研究的热点主要集中在以下几方面：一是关于幸福人生。塞利格曼将学习幸福的秘诀记录在他的代表著作"积极心理学五部曲"中；乔纳森·海特结合自己的亲身经历和科学的心理实验完成了《象与骑象人：幸福的假设》，引导公众积极地、理性地去寻找幸福和生命的真谛。二是关于情商教育。西格尔的探讨情商（EQ）、社交商（SQ）与脑科学关系的著作

《第七感：心理大脑与人际关系的新观念》，对于建立积极人际关系具有重要启示。三是关于个体心理韧性及创新性发展等积极力量的发展。久世浩司的《抗压力：逆境重生法则》、西斯赞特米哈伊的《创造力：心流与创新心理学》等著作为增强个体的心理韧性及创新能力提供了有效方法。

（二）积极心理学的研究技术进一步发展

积极心理学仅仅满足于传统心理学的现有客观方法是不够的，要完成自己的使命，就必须超越传统的方法论，在具体方法上有突破和创新，否则必将极大地妨碍其发展。积极心理学注重采用解释学、现象学、文化学，以及演绎推理、哲学思辨等研究方法，采取更加灵活、更加宽容的态度，建构起富有价值和效率的积极心理学方法体系。

（三）积极心理学的应用领域进一步拓展

积极心理学要达到自己的研究目的就必须要和人类的社会生活实践相结合，而不仅仅是理论上的抽象意义和符号。一方面，从人们的日常生活实践出发，关注普通人的生活，从中获得人类心理、行为活动的意义资源和动力源泉，建立起理解积极心理学和人、家庭、社会良性发展关系的基础。另一方面，应用积极心理学的研究成果，对现实人性的发展进行科学地设计和有效地干预，激发每个人的潜力和积极品质，探索美好生活及寻求获得美好生活的途径与方法。只有在实践和应用中，积极心理学才能达到其目的，并成为真正富有生命力和创造力的科学。

在中国，积极心理学的相关研究正被逐步应用于教育教学研究中，如国内正积极倡导的积极教育实践，其逐渐成为一个快速发展的新领域，引起了教育界的广泛关注。近几年，积极心理学研究的科学性、实践性和应用性都在不断提升，主要体现在研究方法与现代科学技术的紧密联系上，研究的内容也在不断深入与细化，特别是与人们的幸福美好生活、个体积极成长、和谐社会建设等方面的联系越发紧密[90]。

第二节
积极心理学与心理弹性

一、心理弹性的内涵

近年来，由心理危机引发的大学生心理问题日益增多，极端事件逐年增长。其主要原因是缺乏社会经验的大学生面对复杂的人际交往和独立生活环境时，心理与生理上不适应，没有抵御风险的准备与能力，疏于对心理弹性的培养。培养大学生的心理弹性，使其具备抵御心理危机的能力，是提高他们整体心理健康水平的有效方式。传统的心理健康教育多采用"问题取向"的方法，虽然能够有效解决已经产生的心理问题与心理危机，但无法对大学生的心理健康进行全面的干预与监控，对心理问题的预防作用甚微。积极心理学将个体的心理潜力与力量等作为研究对象，研究人的积极心理特质，可对大学生的心理健康问题起到"发展"大于"治疗"的作用，发展自身力量，解决自身问题。

Resilience，最早是物理学领域的概念，指物体具有一种随外力作用而发生变形并随外力去除变形消失的特性，之后这一概念被引入心理学领域。在汉语国家及地区，resilience 有"心理弹性""心理韧性""复原力""抗逆力""心理承受力"等多种译法。本研究采用"心理弹性"这一译法。随着积极心理学的迅猛发展，心理弹性已成为积极心理学的热点词汇。

国内外学者对心理弹性进行了大量研究，但其定义至今仍具争议。本研究总结对心理弹性概念的诸多研究，可将其分为三类：结果性定义、过程性定义、能力性定义。结果性定义侧重于个体在经历高危险情境及逆境与压力后的积极结果。如 Masten A. S. （2001）认为"心理弹性是在严重的不利环境下，个体仍能够较好地适应环境或顺利发展的这类现象"。过程性定义侧重于个体在面对逆境、压力、创伤等事件时能够相互作用并能够较好适应的动态结果，是动态变化的。如 luthert 认为"心理弹性是个体在较危险的环境中能良好适应的动态过程"。能力性定义侧重于这是个体固有的一种能力或人格特质，它能够帮助个体从消极的状态中复原，并适应外界环境。如 Connor（2003）认为"心理弹性是一种能够应对压力、挫折、创伤等消极生活事件的能力"。虽然对心理弹性概念的定义有多种，但基本均包含两大基本要素：（1）个体遭遇逆境；（2）个体能够良好适应或者成功应对[91]。

二、积极心理学与心理弹性的关系

20 世纪末，塞利格曼将积极心理学引入大众的视野中。积极心理学致力于探索与研究人类的积极心理品质，从积极、开放、欣赏性的角度看待人的潜能、动机、性格、品质等。

人的心理品质是双维的，有积极的一面，也有消极的一面。积极心理学既能如传统心理学一样看到人的弱点，也能关注到人类所特有的优势和长处；在修补个体心理缺陷的同时，亦能增强其自身所拥有的美好品质，做到"治护结合"；不仅将受到心理问题困扰的个体当作研究对象，还着力探索能够使普通人生活得更加快乐幸福的方法与途径。这是积极心理学的主要研究方向。

随着社会的飞速发展，当代大学生处于一个生活步伐加快、竞争激烈的时期，有的大学生能够适应发展，心理健康水平较高，而有的大学生在经历压力后不能够及时调整，心理健康水平较低，引起这种个体差异的原因之一就是心理弹性。以往关于大学生心理健康问题的研究成果十分丰富，主要是关注影响大学生心理健康的消极因素或如何改善消极影响，体现出明显的问题倾向，对如何提高大学生心理健康的积极方面则很少去关注。心理弹性作为影响个体心理健康的因素，可以帮助个体积极适应社会。李晶晶等以积极心理学为理论指导，运用团体辅导干预大学生心理弹性的培养，使其心理弹性持续上升。也就是说，从积极心理学角度，心理弹性可以得到提高[92]。因此，从积极心理学角度去研究心理健康问题，关注大学生心理弹性进而改善心理弹性具有十分重要的意义[93]。

三、积极心理学视域下大学生心理弹性的培养

（一）塑造积极的人格特质

人格是个体生活知、情、意的统一结合，是先天因素和后天经验的结合体。人格心理学认为，每个个体都存在相悖的力量：一是代表恐惧、生气、悔悟、自卑、孤傲、自大、自私自利、谎话连篇等消极力量；二是象征宽容、和平、相亲相爱、幸福乐观、有责任心、公平正义、充满爱和希望、愉快体验的积极力量。这两股力量，谁能占据上风，关键看其主人内心深处在给哪个方面不断输入新鲜血液和能量，并且不断为其创造良好、优美、适宜生存的心理空间和环境。

教育是把每个鲜活具有个性的个体培养成在接受现实生活的同时，拥有积极心理品质的人。积极心理学提出提升个体的积极情绪体验是增强个体心理弹性的最佳途径。我们要充分相信学生，尊重学生，以学生为主体，调动学生的积极性。因此，应该充分发掘并肯定学生优秀的一面，让他们体会到存在的价值和自我拼搏的意义，从而在心理上不落后于任何人。

（二）培养积极的情绪体验

积极的情绪体验分为感官和心理感受方面的愉悦享受。它是一种回忆温馨难忘的过去、幸福快乐地感受当下、憧憬畅想将来的正向积极的心理状态。它是一个人自信的奠基石，是个体解决压力的有效策略，是能让个体在解决压力、构建解决办法的时候更加自信，从而避免出现负向情绪体验的一种办法。个体只有先战胜自己的内心才能面对一切挑战，因此一切改变或者胜利都源自内心的强大。

高校可以每月开设一次"心灵微课堂"，以及"你的心思我来猜""音乐人生""你的耳朵骗了你的心"等为主题的活动，通过绘画、听

音乐、视觉听力体验等方式帮助学生看到自己的潜在意识，了解自己的心理动态，当心理出现问题时能够及时自我发现、自我调节。告诉自己，一切都源自自己的内心，生活中不缺乏快乐的事和让自己快乐的人，只是缺乏体验快乐情绪的能力和心态。在现实生活中，大学生应该善于发现积极的情绪，并且适时地利用其积极的一面，变压力为解决问题和前进的动力，构建自己积极的认知功能，凭借积极的情绪体验战胜自身的负向情绪，提高自己的心理容忍度，提升自身的心理弹性。

培养心理弹性的另一个重要方法是提升积极的情绪体验。班杜拉提出，自我效能感是对自己是否能够成功顺利地进行某一成就行为的主观判断。当个体自我效能感高时，就会确定自己一定能完成某一活动或行为，并更加主动、自觉、积极地付出行动，最后成功的几率也会根据效能感的提升而增加。

（三）构建自身良好的社会支持系统

这里的社会支持系统包括情感、信息、物质、精神多方面的支持，它来自个体外界，即家庭、学校、社会和朋辈，是提升个人心理弹性特质的内部保护因素的一个中介变量，能对个体产生积极或消极两方面的影响，如果利用得当，能保护并且维持学生处于困难境地萌生出的积极心理品质。研究表明，当大学生构建了良好的社会支持系统并充分利用时，他们往往拥有更强的自信心、自尊心和主观幸福感，能更好地评价自己，心理健康水平也会提升到一定的高度。良好的学习氛围、相亲相爱的父母关系、友善的同学朋友同伴关系和良好的社会环境，能让他们产生归属感和安全感，消除或减轻由挫折、困难、经济压力带来的神经紧张状态，从而提升心理弹性。

众多的社会支持系统中，家庭的支持是不可或缺的，它的影响深远，可持续时间长。据人类学家研究，个体的人际交往能力、社会沟通能力、人格特质的稳定性，以及主观幸福感和表达善意、爱意的能力等，都与个体所处的家庭环境密不可分。一个家庭教育孩子的方式方法、亲子关系的融洽与否都与孩子的人格特征有联系。父母对孩子松严有度的民主教育、无条件的接纳与爱护、积极的关注和肯定是孩子们形成坚韧性格的前提条件。因此，大学生虽然独立了，开始了自己的校园生活，但他们往往更加需要父母亲人的支持、关注和肯定，因为这是他们最好的港湾，也是他们最容易获取关爱的地方，父母是关爱、支持的最优提供者。大学生要懂得充分利用这一重要的支持系统来为自己的心理寻求安慰，而不是逃离父母的把控。

大学生获得陪伴的主要源泉是同学、朋友。大学生遇到心事或者困难，倾诉的对象大部分是同学或者朋友，因为作为同龄人，有更多的相同点，能感同身受。构建这一支持系统是减少大学生精神性疾病发生的重要因素。在大学里，另一不容忽视的支持系统来源于教师，这里包括与学生接触更多的辅导员。辅导员应整理学生档案，把班级学生的学习、生活、性格等情况摸清，以便工作更有针对性；平时应主动给予学生更多的关心和爱护，让他们意识到自己不是一个人，有人关注自己，从而使其提升自身良好的情绪体验，提升心理弹性。

社会支持系统对个体本身是否有用，不仅指它的数量和质量，更重要的在于个体能否在需要的时候良好利用并不断重构。因此，高校必须引导学生学会在构建自己良好社会支持系统的同时，更好地整合更多可利用资源，为培养自身心理弹性发挥更多的现实优势[94]。

第三节
积极心理学与大学生团体心理辅导

随着社会生活节奏的不断加快发展，人们承受的生活负担及心理压力越来越大，心理健康问题成为影响人们整体健康水平的重要因素，也成为现代社会发展中的阻碍性因素。当代大学生心理健康问题频现，主要源于生活压力及多元文化的冲击。首先，在教育大众化背景之下，高等院校的毕业生数量逐年增多，大学生在毕业时将面临严峻的就业形势。因此，当代青年大学生的生活压力及心理压力较大，极易出现心理健康问题。其次，互联网技术的普及化发展给人们生活带来便捷的同时，也严重影响着大学生的生活及学习。网络平台中良莠不齐的内容及错误的价值观念将对大学生的世界观、人生观及价值观产生负面影响。大学生过度沉溺于网络平台及网络娱乐会使其学习兴趣下降，并引发一系列心理健康问题。基于积极心理学视角的大学生发展性团体心理辅导能够帮助学生有效改善心理健康问题，帮助其树立正确的价值观念，继而使其在生活及学习的过程中能够做出正确的价值判断及价值选择。因此，基于积极心理学视角的大学生发展性团体心理辅导，是当代青年大学生成长和发展过程中的必然要求[95]。

1996 年塞利格曼当选为美国心理学会主席一职后，掀起了一场致力于研究人类的力量和美德等积极品质的心理学运动，即积极心理学运动[96]。积极心理学在产生的过程中，不仅受到了奥尔波特人格特质理论关于人格结构动态性和马斯洛人本主义心理学关注人性积极面的影响，还受到了 20 世纪 50 年代末在美国掀起的西方心理健康运动及社会建构主义有关积极建构思想的推动。积极心理学研究主要有三大领域，即积极体验、积极人格、积极的社会制度[97]。

一、团体心理辅导概述

团体心理辅导是在团体情景下、通过团体内人员的交互作用来提高参与者心理素质的一种教育方法。团体心理辅导是基于团体动力学和一般心理学原理，通过团体内人际交互作用，借助团队的力量，以提高参与者的心理品质。它利用事先设计好的项目，由受过专业训练的领导者，通过经过专业训练的技巧和方法，协助成员获得有关信息，形成团体的共识和目标，以建立正确的认知观念和健康的态度行为；在一定的情景中让学生通过在合作、协商和处理问题的过程中锻炼社会适应性，从而完善自己的心理品质。团体心理辅导相较于个体心理咨询而言具有效率高、感染力强、具归属感和体验性强等优势，同时在实践中也更容易被学生所接受。

从社会发展来看，团体心理辅导迅速发展是由特殊的时代背景决定的。二战结束以后，心理患者骤增，而治疗人员有限，一对一的个别辅导已经不能满足患者的需求，而团体辅导一人对多人，大量节省了人力和时间，既经济又有效，因此团体心理辅导与治疗得到大规模推广。目前，我国同样存在专业的心理学工作者严重缺乏的问题，而开展各种主题的团体心理辅导暂时可以缓解这一矛盾。从干预效果来看，团体辅导的互动能增进对自己与他人的了解，有助于消除不良情绪，增强解决问题的信心。团体辅导又被称为"神奇的圆圈"，这个圆圈为成员提供了安全感和归属感，它能在短时间内通过讨论、游戏体验等一系列互动取得良好的效果，这是因为成员间的人际互动和他人的存在对成员自身来说就像一面"镜子"。这面"镜子"让成员认识到有不少人和自己具有相同的处境，从而有助于消除他们的自卑感与孤独感；这面"镜子"也为成员提供了改善适应行为的多个榜样，利于他们从多个角度洞察自己，增强自身发展的信心与勇气；团体成员间的反馈有助于他们行为的改变。团体辅导给成员提供丰富的接受反馈的机会，较之个别情景的反馈，团体的反馈更具冲击力。多个成员的相同的看法或反映可形成一定的团体压力，促使成员改变不正确的观念，改善自己的行为。人人都有归属感的需求，团体辅导可以使成员的属于某个团体的需求部分地得到满足，可以使成员彼此认同，从而感到自己是整体的一部分。团体辅导为来访者提供了更为典型的社会现实环境，更易于将辅导产生的效果转移到实际的生活中去[98]。

大学生中存在严重心理问题的学生仅为少数，但由于情感脆弱、不良的行为习惯、自我设限等因素而长期处于情感压抑、理想空虚和低动机、低兴趣状态的大学生却比比皆是。目前，各高校为解决这一问题相继采取了一系列的心理健康教育措施。团体心理辅导是高校大学生心理健康教育采取的最有效的措施之一。相比于个体心理咨询、心理画、心理沙盘、心理讲座等，团体心理辅导具有实践性、高效性、趣味性、普及性、易迁移性等特点，因此在大学生心理健康教育中具有更强的适用性和更明显的成效性。但是一直以来，受传统主流心理学（消极心理学）等因素的负面影响，目前大学生团体心理辅导在一定程度上也存在问题解决取向的弊端，因此，需要积极心理学思想、理念、技术的引入，从而对当前价值取向倾斜的团体心理辅导进行不断地平衡和完善[99]。

二、积极心理学与大学生团体心理辅导相结合的理论基础

（一）积极心理学与大学生团体心理辅导的理论基础具有相似性

大学生团体心理辅导与积极心理学有相通之处，将积极心理学运用于大学生团体心理辅导的可行性体现在两者思想基础的相似性和实际应用的可行性上。

1. 两者都包含人本主义的思想

团体心理辅导将激发人的潜力，以促进成员的成熟和发展作为自己的任务。同时，积极心理学倡导积极的人性观，将使所有人的潜力得到充分的发挥，并寻找到一种使普通人生活得更幸福、更有意义的规律作为自己的使命。在这一点上，二者都倡导人本主义的思想，几乎有相同的研究理念。

2. 两者都强调群体系统的重要性

团体心理辅导强调整体的重要性。团体作为一种内在关系组成的系统，其影响力或作用远大于孤立的个体。积极心理学也认为外界群体系统不仅是个体产生积极的情绪体验的最直接来源，也是构建积极人格的支持力量。

3. 两者都强调预防和发展

团体心理辅导方向关注的对象主要是心理健康的人群，焦点是指向对象的未来，重点是预防，根本目标是为防止未来问题的发生而提供知识性服务，促进成员形成良好的心理素质，实现社会心理预防[100]。同时，积极心理学反对传统主流心理学一直以问题解决为核心的病理学观点，从而从预防的角度，倡导心理学应该把注意力转移到对普通人的发

展性辅导上[101]。

（二）积极心理学与大学生团体心理辅导发挥作用的机制具有
一致性

在团体辅导中，团体成员对于自身问题的认识、思考和解决是在团
体中通过成员之间彼此交流和互动环节来实现的。在团体情境下，团体
成员可以去观察、接触与自己某些特质相似的人，思考解决共性问题的
方法。通过构建一个类似真实的现实群体生活的情境，让参与者在信任、
友好的团体气氛中，去发现和识别自己的一些行为问题，并尝试在互动
过程中解决这些问题。

积极心理学的核心观点就是强调积极体验在人的成长中的重要作用。
即通过团体辅导，构建群体环境这样一个途径进行互动，使成员得到积
极的情感体验，从中得到更多构建积极人格的力量支持。

（三）积极心理学与大学生团体心理辅导相结合在实践上具有
可行性

塞利格曼是国外比较早的将积极心理学理念和团体辅导技术相结合
进行研究的学者，他在研究和实践中发现，积极心理干预能够减轻个体
的抑郁症状，与此同时能够改善个体的生活满意度[102]；通过对非临床被
试的研究发现，积极干预能显著提高被试的幸福水平并降低抑郁症
状[103]。由此可见，以积极心理学为指导的团体辅导可以有效地提高个体
的心理健康水平。中国学者也逐渐开展将二者相结合的实践。有人曾经
针对有轻度自杀念头的大学生做了一个积极取向的团体辅导干预，结果
表明，积极心理取向的团体辅导可以降低这些大学生的自杀意念，帮助
他们感悟生命、体验幸福，并且促进他们的人格成长。另外，有些学者
为了提高高职院校新生的主观幸福感也使用了两者结合的技术，结果表
明积极心理学与团体辅导技术的结合有助于学生主观幸福感的提高。还
有学者发现这两者的结合能够帮助大学生增强心理韧性。从上述事例可
知，积极心理学结合团体心理辅导的心理健康教育方式在实践上是可行

的，并且针对不同的群体、不同形式的应用都能取得良好的效果[104]。

三、积极心理学与大学生团体心理辅导相结合的实践探索

（一）积极心理学指导下的大学生团体心理辅导内容

基于积极心理学的团体辅导以每个成员的成长和发展为目标，倡导积极的人性观，主张通过积极的情绪体验、建立积极的团体系统来培养个体积极的个性特质，从而有助于大学生的健康成长。

1. 使学生在主观层面上获得积极情绪体验

以人的主观幸福感为研究中心，在班级营造一个安全信任、有凝聚力的团体氛围；使学生体验到包括满足和骄傲、快乐和欣慰、乐观和希望等积极情绪。引导学生满意地对待过去，幸福地感受现在，乐观地面对未来。

2. 在学生中构建积极的外界支持系统

以人生活的客观环境为研究中心，使学生学会创造积极的环境系统，包括家庭、寝室、班级等。

3. 建构和培养学生的积极心理品质

使学生能够在体验积极情绪和构建积极支持系统的过程中构建积极人格，包括乐观、豁达、勇敢、善良等积极心理品质，激发学生对美好生活的向往，以积极的心态克服大学生活中的种种挫折[105]。

4. 打造大学生主观幸福感

主观幸福感日益受到人们的重视。心理学家 Diener 曾在 20 世纪 80 年代做过相关的研究，他认为，主观幸福感主要和个人主观感受有关，人们通过对自身的生活状态和约束自己的一些具体要求来对生活进行评价。其主要包括以下三个方面：一是对生活品质的一种认可，即生活满意度；二是把自己的一些积极的心情，比如高兴、愉快等作为一种主观幸福感的评价，即积极情感体验；三是把恐惧等消极的心情作为一种自身评价，即消极情感体验。各种研究表明，积极心理学指导下的团体心理辅导能够有助于大学生本身积极情绪的培养，加强大学生的主观幸福感。

5. 促进大学生人际交往能力

从心理学的角度出发，人际交往的本质就是人与人在心理层面的联动影响。显然，大学生也是社会的一员，同样需要接受社会的洗礼，需要和人打交道，但是大学生一直以校园生活为主，缺乏一定的社会经验，在很多问题上都认识不足，所以，大学生必须加强自身交往技巧的培养，不断丰富自己的交往知识和见解。积极心理学与团体心理辅导相结合能培养大学生积极健康的人际交往能力，增强大学生人际交往自信，促使他们积极主动地构建和谐的人际关系[106]。

（二）团体心理辅导与大学生积极心理品质培养

1. 积极心理品质的内涵

积极心理学中把会带来积极的感受和满足感的人格特质称为积极品质，其中最主要的特质是优势和美德。

塞利格曼及相关研究者在研究了整个世界横跨 3000 年历史的各种不同文化后，以"必须具有跨文化价值""本身就具有价值，而不是为了达到其他目的的手段""必须是可以培育的"作为选择标准，归纳出世界上所有宗教、哲学学派都支持的 6 种美德，分别是智慧与知识、勇气、仁爱、正义、节制、精神卓越。实现这些美德，则需要具备 24 种优势，分别是：实现智慧与知识美德的好奇心、热爱学习、判断力、创造性、社会智慧和洞察力；实现勇气美德的勇敢、毅力和正直；实现仁爱美德的仁慈与爱；实现正义美德的公民精神、公平和领导力；实现节制美德的自我控制、谨慎和谦虚；实现精神卓越美德的美感、感恩、希望、灵性、宽恕、幽默和热忱[107]。在塞利格曼看来，优势是种心理特质，应该在不同的情境中长期存在。本书所指的积极心理品质即以塞利格曼的这 6 种美德 24 种优势为内容。

2. 团体辅导与大学生积极心理品质的培养

大学阶段是人格形成的时期，也是大学生自我意识蓬勃发展、社会生活领域迅速扩大并走向成熟的重要时期。不同年级的大学生心理特征有所不同，积极心理品质培养的重点也有所不同。因此，高校应根据各年级学生的心理特征和培养方向有针对性地开展团体辅导[108]。

（1）大一学生积极心理品质培养的团体辅导规划

大一学生进入大学后，新鲜感与恋旧感交织，自我意识迅速觉醒，仍有依赖、从众习惯，心理失落感与学习紧迫感并存[109]。他们在闭锁性与开放性的矛盾冲突中逐渐适应大学的角色、学习方式和人际交往的变化。因此，大一学生应重点培养智慧与知识、仁爱和勇气这三大美德，具体包括好奇心、热爱学习、判断力、创造性、社会智慧、洞察力、仁慈与爱、勇敢、毅力和正直等积极心理品质。

大一学生团体辅导的内容可以选择团体心理辅导的游戏、故事分享等，可参考以下活动：（1）滚雪球；（2）"刮大风"；（3）"无家可归"；（4）心有千千结；（5）信任之旅；（6）优势大转盘；（7）突出重围；（8）走下情绪的电梯；（9）全班总动员；（10）情绪万花筒。

（2）大二学生积极心理品质培养的团体辅导规划

经过一年的大学生活，大二学生自我意识迅速发展，思想逐步成熟，积极参与校园文化生活，性心理发展较快。若学习方法不当、思想松懈，则易产生学习焦虑。故大二学生仍应重点培养智慧与知识美德，此外还应培养节制美德。这两大美德具体包括好奇心、热爱学习、判断力、创造性、社会智慧、洞察力和自我控制、谨慎和谦虚等积极心理品质。团体辅导内容可以选择团体心理辅导的游戏、活动体验等，可参考以下活动：（1）优势学习；（2）巧解绳套；（3）创造心流；（4）人际交往技巧；（5）你说我画；（6）做自己的尺子；（7）穿越 A4 纸；（8）天生我才；（9）我是谁？我不是谁？（10）情绪的潘多拉。

（3）大三学生积极心理品质培养的团体辅导规划

大三学生进入了重点学习专业知识的阶段，专业思想趋于稳定，心理社会化水平提高，性意识强烈，心理特征更趋成人化。大三学生应重点培养正义和精神卓越两大美德，包括公民精神、公平和领导力、美感、感恩、希望、灵性、宽恕、幽默和热忱等积极心理品质。

开展团体辅导要以增强集体凝聚力，提高自信，培养大学生的公民精神、公平和领导力，懂得感恩，理性对待爱情，具备希望、灵性、宽恕、幽默和热忱品质为目的。应提升大三学生自我管理、自我完善的能力，训练和培养其领导力，指导其合理地规划自己的职业生涯。团体辅导内容可以选择团体心理辅导的游戏、讨论和训练等，可参考以下活动：（1）我的生命线；（2）澄清价值观；（3）幸福账本；（4）正确认识网络；（5）恋爱问题面面观；（6）今天我当家；（7）大拍卖；（8）理想爱人。

（4）大四学生积极心理品质培养的团体辅导规划

大四学生即将结束大学生活步入社会，心理发展比较稳定和成熟；面对就业产生不同程度的紧迫感，对大学生活产生怀念感，性心理发展成熟。大四学生应重点培养精神卓越美德，学会感恩、宽恕他人，以积极的品质面对新的人生，迈向成熟。因此，团体辅导目的是要帮助大四学生清晰认识自己，反思大学生活，发掘自身的力量，增强幸福感及社会适应能力，努力实现自身的价值。团体辅导内容可以包括：（1）感谢校园生活；（2）模拟招聘会；（3）我的家庭树；（4）成长的代价；（5）梦想照进现实。

以上所有团体辅导的内容根据各类关于团体辅导、游戏体验的著述整理，均可自行设计、修改，以便符合学生的实际情况。以积极心理学为视角的团体辅导将在培养大学生积极心理品质过程中起重要作用。无论是由专业心理咨询教师组织的团体辅导，还是由心理委员、心理协会的学生等开展的朋辈辅导，在开发潜能、提升人际交往能力、增强积极情绪体验、培养积极心理品质方面都具有良好的实践效果和较强的现实意义。

（三）积极心理学与大学生团体心理辅导实践教学

1905 年，普拉特（H. Pratt）开创了团体治疗的先河。后来，在德国心理学家勒温（Kurt. Lewin）的推动下，团体心理辅导为人们所熟悉。在英国、德国等国，学校团体辅导开展得非常好。团体辅导于20世纪90年代在我国兴起，相关研究证明，团体心理辅导对抑郁倾向个体、网瘾者、戒毒者、人际关系不良者、大学生的创新能力、一般自我效能感等有良好的效应（杨彦平，2004；林霞玉，2010；廖飞，2010）。这些都为将积极心理学引入大学生心理健康教育奠定了实践基础。

近年来，有研究人员将积极心理学理论应用于团体心理辅导并取得了一定成效，如针对贫困学生开展的基于积极心理学理论的团体辅导（何瑾、樊富珉，2010）[110]、"积极心理学在戒毒人员团体辅导中的应用"（俞晓歆等，2012）、团体心理辅导对初中生羞怯与心理健康水平的影响——基于积极心理学的理论（申喆等，2014）[111]等。上述研究从实践角度表明，积极取向团体辅导对于提升个体心理健康素质、改善个体心理障碍、化解个体心理危机状态具有较好的正向促进作用，这些都为将积极取向团体辅导引入大学生心理健康教育实践课程提供了理论依据和实践支撑。因此，积极心理团体辅导是在团体辅导实践体验情境下，运用积极心理学的理念和技术，通过团体内的实践与体验，在人际交互作用过程中，团体内成员互为镜像，在教师的引导下，形成开放、包容、温暖、安全、尊重的积极团体氛围，培养积极的自我认知，体验更多正向、积极的情绪情感，挖掘和开发内在积极的美德和人格品质，提升并感知更多的爱、幸福感、快乐感、积极的人性、乐观、正义、智慧、勇气、节制、创造力、生命意义、灵性与超越等积极品质。

针对心理健康教育的改革正逐步引入实践课模式，而在积极心理学理念指导下的团体辅导实践课则越来越多地受到老师和学生的青睐。以往研究均做出了较好的尝试，但团体辅导实践课在心理健康教育中的应用仍有待进一步研究和完善。首先，教学形式上引入了团体辅导式实践教学，但教学主题和内容上仍以消极主题为主，如生命教育、人际交往困难、自卑与自信心不足、适应困难等。这些虽然受到了师生的青睐，但是实践使教师却没有理解积极取向团体辅导的精髓，教学形式设计上采取了积极的改进，但教学内容和主体仍没有向积极品质转移。这就导致心理健康教育课程的目标仍停留在少数问题学生上，并没有实现心理健康教育普适性发展的教育目标。这也直接导致这一团体辅导实践课面向更多学生群体推广的局限性。其次，改革视角如果仍停留在问题学生身上，教学主题的设计必然是"救火队"式的设计，没有主动出击去提升学生的积极心理品质，这就势必会造成研究主题没有系统性，随机性较强，更不利于推广。最后，虽有少数研究专门设计了针对提升大学生积极心理品质的团体辅导，但绝对数量较少，研究结果相互之间仍存在冲突，积极取向团体辅导设计方案还有待进一步提升和改进。

以积极心理学理念为取向的团体辅导实践课，其目的是为大学生提供体验积极心理品质、感受心理健康状态、培养积极正向的思维方式，教授他们积极正向的自我调适和自我促进方法，在团体互动中体验和提升人际交往的技能，并让其在团体辅导活动中体验更多正向、积极的心理力量，增强其积极向上的生活动力，并获得自我完善、自我修复的能力，最终实现心理健康水平的提升[112]。因此，精心设计积极取向的大学生心理健康教育的团体辅导的实践环节显得尤为重要。这也更加说明团体辅导在大学生心理健康教育实践课教学中的意义所在。鉴于此，将来的研究和课程设计无论是在教学理念、教学目标和教学方式方法上都要紧扣"积极心理品质"这一主题，所有课程设计环节均要以引导学生体验积极心理品质为基础，通过启发式、讨论式、体验式等积极的参与式的教学模式激发学生感知、挖掘更多的积极心理品质，让学生将体验到的积极心理品质运用到实际生活中[113]。

(四) 积极心理学理念下团体心理辅导的发展

积极心理学认为，大学生作为一个团体，有积极的自我修复的功能。通过对大学生这一团体的研究，积极心理学研究者制定出一套完整的实施方案，它充分肯定大学生心理构建的能力，注重研究人性美好的一面，培养和激发大学生的乐观、自信、自我提升等积极人生价值观，引导他们树立正确的生活态度。积极心理学对调动大学生的主观能动性有很大的帮助，能够帮助他们准确地找到自己的定位，实现自己的理想，同时也帮助他们树立正确的价值观，提升自我的修养。高校团体心理辅导要以积极心理学为指导，遵循科学的指导理念，帮助学生挖掘自身的无限潜力，促使他们认清自身的责任和使命，帮助他们树立正确的生活态度，获得更加幸福的生活。

积极心理学注重积极的情绪体验，因此在团体心理活动中应尽可能地让学生感受到更多的满足，把自己的优点展示出来，把自己高兴的事情分享出来，把乐观的情绪放大化，让自己的生活态度更加积极，面对生活中的各种困难也不会再畏惧，这对个人的发展有着巨大的推动作用。高校大学生视界较为开阔，基本能够找准自身的定位，善于学习，对自己的心理状态有一定程度的了解，乐于接受新的观点，对新事物激情较高，对于团体的心理辅导活动更是踊跃参加，有着自己的一些观点及期许。高校团体心理辅导能够很好地把握大学生心理和情感特点，注重用灵活、宽容的态度建构自身的方法体系。团体辅导领导者在辅导方式的设计上也需要特别用心，把积极的态度带给学生，站在学生的角度去理解和思考问题。

积极心理学认为，环境与个人心理状态是密不可分的，它们相互影响。因此，积极心理学理念指导下的团体心理辅导活动，必须重视环境的选择。一般的布局要求以舒适、温馨为主，团体活动室墙壁等大块的区域，在装饰上，颜色应以偏明亮的暖色调系列为主，并配备对应的开展团体辅导的硬件设备，以满足成员开展团体心理辅导的基本要求。应让参与者积极地融入其中，学会积极地观察与交流，在交流中不断发现自身的优点，树立正确的人生态度，从而能够积极地面对并处理问题，提高自身的修养，增强自身的幸福感，让自己更加适应社会的发展，以积极的态度面对自己的人生，寻找人和环境和谐共处的方式，以及人与人交往的正确方式[114]。

（五）积极心理学理念下的团体心理辅导方案设计

积极取向团体辅导，即在团体情境下，运用积极心理学的理念和技术，通过团体内人际交互作用，促使成员在温暖、安全、尊重、支持的团体氛围下，培养积极认知、积极情绪、积极行为，促进团体成员自我成长。积极取向大学生自我成长团体心理辅导，是以积极心理学、认知行为理论和情绪理论为指导，根据大学生特有的生理、心理特点设计团体活动方案，活动重点在于从积极角度进行自我探索并促进大学生心理成长。

具体的活动方案可以参照如下模式设计，此活动方案参考林静在《积极取向大学生自我成长团体辅导实施策略》一文中设计的团体辅导方案。通过公开招募筛选具有强烈自我成长意愿的在校大学生 8~12 人，形成封闭式成长团体。活动共分 8 个单元，包括"有缘相聚""我是谁""曾经的我""我的情绪树""我的保护伞""我的人际圈""爱的传递""成长与感恩"。所有团体活动由 1 名心理咨询师带领，每次活动 120 分钟，每周 1 次，共 8 次。活动开始时每个成员发一本"积极取向团体辅导活动记录手册"，记录家庭作业及成长中的感悟。家庭作业包括"微笑点滴"和"积极品质探索"。其中，"微笑点滴"要求每个成员每天晚上记录当天引发积极情绪的事件及情绪状态；"积极品质探索"则是每周依次针对"智慧与知识"（包括好奇心、爱学习、判断、灵活性或独创性、社会智力、观察）、"勇气"（包括英勇、坚韧性、正直）、"人性和爱"（包括仁慈、爱）、"正义"（包括公民的职责和权力、公平、领导能力）、"节制"（包括自控、审慎、谦卑）、"超越"（包括美的欣赏、感谢的心情、希望、灵性、宽恕、幽默、风趣）6 种核心积极品质进行探索，并在下次团体活动中进行分享。

1. 第一单元活动

活动名称：有缘相聚

活动目标：促进团体成员相互认识，增进了解，形成团体并制定团体契约。

活动内容：（1）领导者介绍团体规则、活动形式和要求等内容。（2）通过"滚雪球"进行自我介绍、相互认识并形成团体。（3）"信任圈"和"解开手链"活动可以培养小组成员之间的信任，增强团体的凝聚力。（4）"盖章定契约"引导团体成员制定团体契约和分享参加团体的目的与期待。（5）布置家庭作业。领导者在第一次活动中要注重营造温暖、安全、尊重、支持的氛围，帮助团体成员尽快融入团体中并积极、主动地参与到团体活动中来。

2. 第二单元活动

活动名称：我是谁

活动目标：促进团体成员进一步认识自我和悦纳自我，并探讨自我在"智慧与知识"方面的特质。

活动内容：（1）"微笑点滴"的记录与分享，小组成员学会用积极的眼光关注当下，随时随地体验积极的情绪。（2）"智慧与知识"探索及分享。（3）"20个我是谁"可以对自我有个较清晰和全面的认识。（4）"他人眼中的我"是借助其他小组成员的眼睛，从不同的角度认识自我，整合后形成更全面的自我意识。

3. 第三单元活动

活动名称：曾经的我

活动目标：探索"原生家庭"对个体成长的影响，并理解和探讨自我在"勇气"方面的特质。

活动内容：（1）"微笑点滴"分享。（2）"勇气"探索及分享。（3）通过"时光隧道"探索个体成长经历中的力量与勇气。（4）通过"全家福"绘画，发现个体在原生家庭中获得的温暖与支持。

4. 第四单元活动

活动名称：我的情绪

活动目标：觉察自我情绪表达方式，探索个体在勇气方面的特质和影响情绪的认知因素。

活动内容：（1）"微笑点滴"分享。（2）"人性和爱"探索与分享。（3）通过"情绪树"绘画，可以了解个体情绪特点及影响因素。（4）"一体两面"是通过积极和消极两个不同的方面去看待同一事件时所产生的不同结果。了解认知对情绪的影响作用，促进成员学会从积极的角度看待问题，以体验到更多的积极情绪。

5. 第五单元活动

活动名称：我的保护伞

活动目标：觉察当下压力，了解自我压力应对方式，学会积极应对，探索个体具有的正义特质。

活动内容：（1）"微笑点滴"分享。（2）"正义"探索与分享。（3）"雨中人"是通过房、树、人绘画心理测量技术了解成员面对压力时的应对方式。（4）"头脑风暴"是所有小组成员依次介绍压力应对方法及技术，直到所有成员得到满意的答案。

6. 第六单元活动

活动名称：我的人际圈

活动目标：觉察我与他人的关系，了解沟通的重要性，探索个体节制方面具有的特质。

活动内容：（1）"微笑点滴"分享。（2）"节制"探索与分享。（3）"我说你画"活动让学生体验有效的信息沟通要素，包括准确表达、用心聆听、思考质疑、澄清确定等。（4）盲行活动。学生通过"盲人"与"拐棍"角色的体验，理解自助与他助同等重要；同时让学生感受信任与被信任、爱与被爱的幸福与快乐。

7. 第七单元活动

活动名称：爱与传递

活动目标：学会觉察和感恩生命中对个体有过帮助的人，探索个体在超越方面的特质。

活动内容：（1）"微笑点滴"分享。（2）"超越"探索与分享。（3）"生命中的贵人"，学会觉察在我们的成长历程中对我们有过帮助的人并学会感恩。（4）"我的未来不是梦"。每个学生通过对未来的展望，找到梦想与现实的结合点，既放眼未来又脚踏实地走好人生的每一步。

8. 第八单元活动

活动名称：成长与感恩

活动目标：总结、分享、告别。

活动内容：（1）小结。小组成员对参加活动以来自我的变化与成长进行总结分享。（2）感恩。小组成员给每个成员送一份礼物，可以是一幅画或一段文字以表达对小组成员的感恩。（3）告别。所有成员在海报纸上共同作画并盖上手印，最后拍照留念[115]。

第四节
积极心理学在大学生极端心理危机干预中的作用发挥

一、积极心理学对大学生心理危机干预的启示

(一) 既要解决具体问题又要培养学生积极心理品质

以消极心理学为基础的心理危机干预关注的是学生已经发生的问题,通过对问题的把握来解决既存问题,但这一方式在一定程度上使师生关系矛盾对立,心理健康教育应有功能被削减。积极心理学在对传统主流心理学总结与反思的基础上,提出心理学不仅应该削减问题,而且应该着重培养学生优秀的、积极的心理品质与人格特征。心理健康并不仅仅意味着问题的减少或者没有问题,更要做到增加更多的积极因素。

(二) 重视发挥学生的主动性与创造性

在消极心理学背景下,心理危机干预虽然也强调要关注学生的主体性,但教师在教育过程中依然把学生当作问题的来源,经常带着有色眼镜来看待学生。这种做法就强化了学生自身的问题意识,扼杀了学生的创造性与主动性,学生处于被动的位置。只有把学生看作发展的人,看作具有巨大发展潜力的个体,让学生能够积极主动地由内在关心自己的心理发展,注重学生的亲身参与,发展学生积极的心理体验,个体的主动性与创造性才能得以发挥,问题才能得以减少直至解决。

(三) 善于整合各种教育资源

积极心理学摒弃了以往心理危机干预以问题为靶子的模式,强调学校中的一切都是心理健康教育可供利用的资源。学校是学生真实生活的情境,只有在真实的情境中开展危机干预,才是最真实的,才能着眼于学生潜能,因此要充分利用各种教育资源,包括社会、家庭、学校、学

生群体等力量，来减少学生心理问题发生的概率[116]。

二、积极心理学在大学生极端心理危机干预中的应用

（一）增强积极心理学干预心理危机的效能

在积极心理学的大视野下，大学生心理危机的干预目标得以整合概括，主要分为两个方面：一是培养积极的心理品质和健全的心理素质；二是通过有效的干预措施解决大学生可能存在的心理问题，即化解大学生的心理危机[117]。因此，在具体的实施过程中应当兼顾这两个方面的目标：目标一对应的是防患于未然，严防大学生心理危机的产生；目标二对应的是大学生心理危机的干预，化解危机。只有做到平衡兼顾两者，才能做到提升大学生的心理健康水平。从学生层面来看，在日常的生活中，应当树立起培养自身积极品质的意识，以乐观的态度去面对生活中的困难、坎坷，积极地面对并解决，不能一味地逃避。

从教师层面来看，在教育过程中，应当将积极品质培养引入教学中，创新教育教学方法，不能只关注少数存在心理危机的学生，而应该注重所有学生的发展。无论是存在心理危机的学生，还是可能存在心理问题的学生，抑或心理状态良好的学生，都应当得到重视，全面培养学生的积极品质[118]。

从学校层面来讲，应当整合大学生心理危机预防和干预的目标。相较于消除学生心理问题来说，培养学生健全的人格和积极的心理品质往往更有意义，积极的心理品质本身就有着预防心理危机的作用，即便是对已经出现心理危机的大学生，也有着积极的治疗作用。只要大学生个体得到积极发展，就能够激发其潜在的积极因素，从而避免心理问题的产生，避免心理问题转化为心理危机[119]。

（二）丰富大学生心理危机干预的内容

1. 着重培养大学生积极的心理品质

传统的心理健康教育和心理危机干预过程只注重消极层面，即围绕

大学生的心理危机工作，多为对心理疾病的一种治疗，是对已产生的心理危机的一种化解。而积极心理学却提供了可操作性，变被动为主动，实际上就是对大学生心理危机进行事前干预，培养大学生积极的心理品质。

2. 强化大学生积极的心理体验

这一过程实质上就是大学生的一种体验过程，只有外在的积极体验作用于内部，才能够获得良好的效果。心理体验不仅仅来自外部的感官愉悦，同时也来自学生内在的心理享受[120]。积极的心理体验与大学生的内部心理特质有着极为密切的关系，个体内在催生出一种积极的需求，促使自身不断提高。

（三）拓展积极心理学开展大学生心理危机干预的途径

1. 开设积极心理健康教育课程

积极心理学课程不同于以往的传统心理健康教育，因此应当更新内容，丰富心理健康教育的内容。课堂上应传播更多的积极理念，包括如何培养自己的自信心，如何获得更多的幸福体验，如何处理好人际关系，等等，这些问题也都应在课堂上解答。此外，除了在理论上进行指导之外，实践上也应当不断丰富学生的体验，让学生亲身感受，在体验的过程中培养积极的心理品质。

2. 将心理健康教育渗透到其他学科中

高校各门课程教学过程中，应当最大化发挥心理健康教育的价值，彰显其教育功能，在多学科之间相互渗透。并且，在课堂教学过程中，教师应当做到积极营造轻松愉快的教学氛围，创新教育教学方式，启发学生思考，构建民主、和谐、平等的师生关系，这些对于提升大学生的心理健康水平都有着重要作用。

3. 建立和完善大学生心理档案

积极心理学也强调对心理危机的积极预防，完善的心理档案能够记录大学生的心理活动状况，并将此作为评定和监控大学生个体心理行为的依据。心理档案指的是以大学生成长历程和心理特征为依据构建起来的，可以用来预测其心理行为并为实施心理辅导和危机干预提供指导和参考依据的动态化系统[121]。通过心理档案的建立，能够掌握每一名大学生的心理健康状况，随时跟踪、观察大学生的心理动态变化情况，提早发现可能存在心理危机倾向的学生，并采取有效措施激发其内心的积极品质和力量，预防极端情况的发生。

4. 提升大学生心理危机的抵抗能力

积极心理学强调调动个体的积极心态，激发个体的内心力量，引导其以理智、乐观的心态去看待生活中的困难和逆境，提升心理危机抵抗能力。自古以来，善治不如善防，对于大学生心理危机问题来说，有效的干预是在心理危机形成之后的一种处理手段，但这并不能阻止心理危机的出现，而采取有效预防则能够防止心理危机的出现，实现防患于未然，是成本最低但收益最大的措施。

积极心理学视角下大学生极端心理危机干预机制的构建

第四章

第一节
开展大学生极端心理危机干预的原则

一、教育保护原则

教育保护原则是针对大学生的极端心理危机干预，具体是指预防大学生的极端行为应以教育和保护为基础，以教育和保护大学生的合法权益为出发点，通过教育和保护，达到防止大学生极端行为发生的目的。

在从青少年到成年的过渡中，大学生正处于人生中重要的转折点，尽管他们已经掌握了丰富的科学和文化知识，并具有一定的分析问题和解决问题的能力，但是由于他们尚未进入社会，经验不足，自我控制能力相对较弱，世界观相对不稳定，生活观较弱，价值观尚未形成，处于真善美与假丑恶的争夺期，处于一个需要塑造、教育和保护的时期，因此他们需要调整、教育和保护。大学生之所以容易走上极端之路，除了自身的主观原因外，客观环境对大学生的成长也有非常重要的影响。家庭、学校和社会对大学生的极端行为负有不可推卸的责任。因此，无论是从大学生自身的特点，还是从客观原因出发，在制定和实施预防大学生极端行为的措施时，都应遵循教育保护原则，将教育与保护有机结合。教育是为了保护，保护必须进行教育，只有这样才能真正防止大学生极端行为的发生。

二、心理沟通原则

心理沟通原则是指通过信息的上传下达、思想认识和情感的相互交流，增进相互了解，使意见、观点达成一致，从而使集体目标得到相互认同的原则。心理沟通原则是非常重要的心理学原则，必须有意识地运用这个原则，以防止大学生极端行为的发生。在这一原则的指导下，沟通有利于加深人与人之间的理解，形成和谐的群体心理气氛。

通过心与心的沟通，将心比心、以心换心，寻求心理共鸣，可以更好地解决大学生的心理问题，将消极因素转化为积极因素，增强大学生的内部团结，并提高组织的凝聚力和战斗力。外因是变化的条件，内因是变化的依据，外因通过内因起作用。在心理健康教育工作中，教育者只有通过采取有效的沟通方式，坚持积极正确的指导，使受教育者对奋斗目标产生认同感，才能使其产生内生动力，也只有通过交流与沟通，心理健康教育工作才能更加有效。

三、实事求是原则

实事求是的原则是客观公正，不夸大、不降低问题的严重性。然而，近年来，大学生的心理危机日益增多。相关心理学专家指出，心理问题是一种普遍现象，其他群体承受的压力不亚于大学生。

大学生的心理问题不应夸大。与社会上其他弱势群体和非大学生同龄人相比，大学生的社会地位、知识水平和健康状况要好得多。毕竟，他们只有通过大量的竞争和选拔才能迈入大学的门槛。大学生应纳入心理健康人群范围。但正因为是大学生，所以社会对他们也要求高、希望大、关注多。他们的一举一动都牵动着许多人的心，所以走极端道路的大学生个体很容易被夸大，大众也因此认为现在的大学生心理非常可怕。事实上，其他社会群体也存在心理问题，但因为受到的瞩目少，因而没有引起社会过多的注意。北京师范大学心理学院教授、博士生导师林崇德认为，近年来大学生心理出现问题的现象增多，必须引起全社会特别是学校和心理界的重视。但是，一些危言耸听的数据和报告是有害无益的。我们需要的是对心理健康的科学认识，并在此基础上多做实事，而不是营造一个误解公众、让大学生感到危险的舆论环境。

四、及时防治原则

任何极端行为的发生都会对国家和人民的利益造成一定的损害，甚至造成不可挽回的损失。极端行为的严重危害性表明了预防极端行为的重要性。大学生极端行为的及时防治原则是指根据大学生身体成熟和心理成熟的特点，及时预防和纠正大学生的不良行为。

及时采取预防措施，就能够快速有效地阻止那些处在极端行为边缘的大学生，使其走向正常化，从而达到防患于未然的目的。预防和治疗的原则是：一旦发现异常情况立即展开针对极端行为的应急计划，以预防和治疗。首先，无论何时何地，只要学生有显著异常，如持有强烈的自杀念头，抑郁症伴随焦虑或其他精神病症，应立即启动紧急预案，尽量减轻大学生的冲动情绪，消除潜在的不利因素的影响，严重的应由专人护送到医院尽快接受监测和治疗。其次，已经发生异常的大学生，如果下落不明，应迅速组织查找，在与亲友取得联系的同时及时报警，要及时掌控其行为，阻止极端事件的发生。出现极端行为后，对受外力干预暂停其行为的大学生，应劝说其暂时离开原来的学习环境，休息放松，接受心理治疗，认真分析原因，引导其发泄自己的负面情绪和恢复心理平衡，以帮助他们从阴影中走出来。

五、综合治理原则

预防大学生极端行为的综合治理原则，是指在各级人民政府的领导下，引导各种社会团体、学校、家庭积极参与，承担自己的责任，做好大学生极端行为的预防工作，为大学生创造良好的有利于身心发展的社会环境。

由于大学生极端事件具有复杂性、多样性和特殊性，是多种因素交叉、综合作用的结果，因此，防止大学生的极端行为不可能通过一个部门来解决，需要综合运用政治、经济、行政、法律、文化、教育等手段，多层次开展"综合治理"。学校必须保持与家庭和社会的密切联系，及时回应大学生普遍关注的问题，让大学生通过各种渠道了解相关的信息，应通过各种渠道辅导问题学生。同时，学校也应建立与社区机构的积极联系，这样在时间紧急的情况下才能得到他们的指导和帮助，及时解决问题，有效防止大学生极端行为的发生。

第二节

运用积极心理学开展大学生极端心理危机干预的途径

一、创建积极的心理健康教育课程

美国和欧洲一些国家的大多数高校一直以来都开设积极的心理健康教育课程，这一课程也是大学生心理危机干预的重要手段。值得注意的是，积极心理学课程与传统的心理健康教育课程存在一定的差异。因此，我们应该改变教材内容，引进更多积极的心理健康书籍，在课堂上传播更多积极的思想，包括如何获得更多快乐的体验，如何培养自信，如何处理人际关系，等等，这些问题都可以在课堂上找到答案。除理论指导外，在实践中还应积极丰富学生的体验，使学生通过体验培养积极的心理素质。同时，高校应将心理健康教育渗透到高校其他各类课程教学中，最大限度地发挥心理健康教育的价值，突出教育功能。在课堂教学过程中，教师要积极营造轻松愉快的教学氛围，创新教学方法，引导学生积极思考和探索，构建民主、平等的师生关系，这对提高大学生心理健康水平具有重要作用。

二、建立和完善大学生心理档案

积极心理学强调积极的心理危机预防，心理档案记录学生的心理状态和心理活动，它可以被作为评估大学生个体心理行为监控的基础。对于大学生来说，心理档案指的是以其成长历程和心理特征为依据构建起来的，用于预测其心理行为并为实施心理辅导和危机干预提供指导和参考依据的动态化系统[122]。

通过建立心理档案，能够掌握大学生的心理健康情况，跟踪大学生心理动态变化，及早发现大学生的心理危机倾向，并及时采取有效措施，激发他们的积极品质和内在力量，防止极端情况的发生。心理医生和大学生家长也是大学生心理档案的重要使用者，心理档案的建立，有利于他们深入了解大学生心理活动状况，从而有利于家庭、社会、学校相互配合，形成大学生心理危机预防和干预的合力。

在建立大学生心理档案的过程中，必须慎重选择合适的时间。一般来说，最好的时间是新生入学后 3 个月内。此时，新生们对陌生的校园环境充满好奇，往往对学校和老师产生依赖感和信任感，此时建立的心理档案最能反映学生真实的心理状态。大学生心理档案内容应完善，包括背景资料、学习情况、心理素质、综合评价、咨询记录、干预记录等，最重要的项目是心理素质，主要是通过心理测试得到的，涉及人格测试、能力测试、情绪评估、职业咨询测试等，通过测试，可以了解大学生的内心实际情况，看清是否有消极倾向，应当从哪个角度着手来激发其内心的积极力量和品质，以期对症下药，提升积极心理学在大学生心理危机预防与干预中的应用效果[123]。

心理档案真实记录大学生生长发育的心理过程，反映大学生的心理轨迹，有助于高校教育工作者掌握学生的心理动态。根据心理档案信息判断学生是否有存在心理危机的可能性，可以预防心理危机的发生。在心理档案的建立和维护过程中，要坚持科学的方法和审慎的态度，确保信息的客观、真实。心理测量应采用具有良好信度和效度的权威量表。相关数据分析应通过专业数据分析软件获取。正式的心理咨询、心理辅导和面谈记录应由专业的心理工作人员完成，尤其是对于存在心理问题的学生的判定要慎之又慎，严格遵循保密原则，控制知情的范围；不应随意向社会公开学生的隐私，应制定《心理档案管理条例》，明确档案管理的分工、流程、权利和责任，但在特殊情况下，如学生心理危机恶化和极端行为可能发生时，以及自身或他人生命安全受到威胁时，应及时报告心理状况，动员各方配合进行预防和控制。心理档案工作是一个动态的过程，不能建好后又束之高阁，也不能只做被动的维护工作，而应及时更新学生的心理信息，特别是对于普测后筛查出的重点关注对象的心理状态要追踪跟进，做好心理危机事件的预测和防范工作。

三、完善心理危机干预队伍

虽然我国的很多高校都建立了"四级心理危机预警机制"，但对于极端的心理危机干预，主要在学校层面进行，较少涉及院系、班级层面。由于高校专业危机干预工作人员相对偏少，再加上缺乏院、系、班级层面的有效辅助，极端心理危机干预存在着干预对象模糊、干预时机延误，以及干预效果有限等问题，所以，拓展高校心理危机干预队伍并加强危机干预队伍的建设是大学生极端心理危机事件预防工作的紧迫任务。

1. 要成立专业的危机干预小组

心理健康教育和心理咨询人员是高校心理危机干预小组的核心成员，他们为心理危机干预提供专业指导和技术措施，对高校心理危机干预水平起着决定性作用，肩负着重要责任。他们除了组织大一新生的心理测试、建立和维护心理档案外，还负责心理危机相关知识的宣传和普及，提高师生对心理危机的关注度，并传授一定的心理危机干预方法。如开设"心理危机干预知识与技能"精品选修课；聘请业内知名教授、学者授课；做好心理咨询工作，包括团体会诊、个人会诊、网络会诊；实行值班制度，向各部门、各班级通报出勤时间表，制定严格的心理会诊工作规则，帮助心理障碍学生走出误区，提高应对能力。如果发现学生存在严重的心理危机，应积极关注和干预。如有必要，应及时进行转介，以防止自杀或伤害他人等极端心理危机事件的发生。

目前，校园极端心理危机事件的不断发生对心理危机干预专业队伍的建设提出了更高的要求。据调查，在发达国家，平均每千人就有一个职业心理咨询师。然而，在我国高校，随着高校招生规模的扩大，学生人数不断增加，专业心理卫生工作者难以满足实际需要。因此，要进一步加强专业队伍建设。第一，要严格执行心理危机干预专业人员准入和培训制度。心理危机干预专业人员要具备相关专业背景并接受过系统培训，具有从事心理健康工作的资质证明；对于心理咨询人员，要求有心理咨询师资格证书并具备一定的咨询经验。要重视对青年骨干专业人才的培养，有计划地提供培养、进修、交流的机会，提高队伍整体水平。第二，学校要加大心理危机干预的硬件投入，心理健康中心和心理咨询室在场地、空间和布局上都有一定的标准要求。为确保工作的科学性与系统性，需要引进先进的心理测量与治疗仪器，购买心理分析软件、图书等。此外，还需要推进心理危机干预的研究工作。应设立心理危机干预专项研究基金项目，并给予相应的高水平研究成果奖励，以调动专业人员的科研积极性，鼓励他们结合本校心理危机干预的实际情况，探索心理危机干预的重点和难点，提高科研成果转化为实际应用的能力。

2. 必须扩大非专业危机干预团队

非职业危机干预小组成员主要包括辅导员和学生干部。辅导员在学生工作的第一线，比其他教师更易了解学生，更接近大学生的生活。心理危机干预的困难之一是难以及时、准确地检测出有心理危机的人员。学生干部是大学生综合素质较高的群体，他们与其他学生日夜相处。如果大学生同伴群体中的一些人对心理危机干预有一定的认识，他们就可以警惕同学生活中的心理问题和行为，及时发现隐藏的危险，并适当干预。因此，除了定期培训之外，还可以鼓励辅导员报考心理咨询师等相关资质考试，并适当给予奖励。可以通过系统的知识教学、团体心理训练、校园心理剧的组织和演练，加强实践模拟，培养学生干部乃至大多数学生的心理危机预防能力，帮助他们了解危机管理知识：什么是心理危机，在什么情况下、什么样个性的人容易发生心理危机，有什么外部表现，心理危机前有什么迹象，如何进行有效干预和自救，等等，并熟悉一些简单的危机干预技能，如注意力、倾听、移情等。

对于辅导员来说，学生心理危机的处理稍有疏忽就可能产生严重的后果，所以必须具备高度的责任意识，挑选并培训好班级干部（特别是心理委员与心理信息员），关注学生的学习生活情况并定期到班级、宿舍走访，细心了解学生的心理健康状况。一旦发现有心理危机倾向的学生，要及时通知学校心理健康工作人员，并根据需要向有关部门报告。对于学生干部来说，要努力培养同学们的集体意识，增强班级凝聚力，为同学们的心理健康发展营造良好的班级氛围，在同学遇到困难与挫折时懂得与其沟通，给予安慰、支持与鼓励，当有同学心理表现异常时，必须立即报告辅导员或学校有关部门，并与辅导员一起协助学校采取措施，积极预防极端心理危机事件的发生。

四、实施积极心理干预策略

积极心理学关注的是人的内在积极力量，它与传统的临床心理学有着本质的区别，后者更关注人的心理缺陷和问题。积极心理学的主要内容是倡导人的健康、幸福与和谐发展。积极的心理干预应着眼于提高人们的主观幸福感，培养人们善于倾听和欣赏的品质，通过培养人的爱的能力、和谐地处理人际关系的能力，以及如何健康乐观地面对生活等方面来塑造积极的心理品质。

从积极心理学的角度看，大学生心理危机的干预目标可以分为两个方面：一是培养大学生的积极心理品质和良好的心理素质；二是通过有效的干预方式解决存在心理危机大学生的心理问题，即化解大学生心理危机[124]。在具体实施的过程中应当兼顾两方面目标：第一个目标对应的是大学生心理危机的预防，防患于未然；第二个目标对应的是大学生心理危机的干预，是化解危机的过程。只有兼顾这两个目标，才能够真正提升大学生心理健康水平。

对于培养大学生积极心理品质这一目标来说，从大学生角度来看，作为大学生个人，在日常的校园生活和社会生活中，应当树立起培养自身积极品质的意识，以乐观的态度去面对生活中的困难和坎坷，在遇到困难和逆境的时候，要积极地面对和解决，而不是一味地逃避。积极的个人体验有助于培养积极的心理品质，因此大学生在学校应当主动参加一些积极体验的活动，积累积极体验，以此为基础，逐渐培养自己的积极品质。从教师层面来看，在心理健康教育及思想政治教育过程中，应当引入积极品质培养这一环节，创新教育方法，不再只是关注少数存在心理危机的学生，而是注重所有学生的共同发展，无论是存在心理危机的学生，还是可能存在心理问题的学生，或是心理状态良好的学生，都应当得到重视，全面培养学生的积极品质[125]。从学校层面来讲，应当明确大学生心理危机预防和干预的目标。相对于消除学生心理问题来说，培养学生健全的人格和积极的心理品质往往更有意义，积极的心理品质本身就有着预防心理危机的作用，即便是对已经出现心理危机的大学生，也有着积极的治疗作用。只有大学生个体得到积极发展，才能够激发其潜在的积极因素，从而避免心理问题的产生，也才能避免心理问题转化为心理危机。大学生缺乏积极的心理品质，则会导致内驱动力不足，也会影响外在的表现，影响其自信心、社会适应能力、人际关系处理能力及情绪控制能力等。由此可见，这是一个相互作用的过程，无论对健全学生人格还是提升克服困难的能力，积极的心理品质都发挥着重要的作用[126]。

积极心理干预的方法很多，对主观幸福感的研究是国外目前研究最充分的领域。塞利格曼通过大量实验发现，接受积极心理干预的个体，其幸福感大大提升。幸福感的提升不仅与干预有关，还与干预对象的积极性和干预时间长短有关。一般来说，积极参与程度越高，干预时间越长，被干预者的幸福感越高；反之亦然。同时，积极情绪和经验在情绪拓展理论建构中也通过积极干预发挥作用，但干预效果的持续性有待进一步研究。

首先，我们可以利用团体心理咨询来进行积极的心理建设。近年来，越来越多的高校尝试采用团体心理咨询的形式来帮助学生进行心理建设。团体心理咨询是帮助具有群体力量的人在特定群体情境下建立和谐、安全环境的一种咨询形式。在小组成员的共同努力下，团体心理咨询创造了一种与实际情况类似的心理环境，并为成员提供了具体的指导。小组成员在相互交流中探索自己，学习新的行为模式和认知方式。一般认为，团体心理咨询具有强烈的吸引力且效果呈现迅速。它具有经验丰富的特点，有着广泛的应用；它可以同时解决学生的爱情、生活适应、职业选择等常见的发展问题，也可以用于心理治疗；它不仅可以讨论学生中常见的心理困惑，而且可以形成一个长期工作的系统。

其次，课内课外要形成育人合力。在日常心理健康教育中，要把握课堂教育的主体地位，在积极的心理观念指导下，从预防性教育向发展性教育转变，把心理健康教育的最终目标定为积极心理资本的开发和运用，注重理论教学与实践经验在教学过程中的结合，采用校园心理戏剧、自我探究教学和案例教学。体验式教学方法，如放松冥想训练和多元评价体系，可以培养学生的核心人格特质，调动学生的自我教育能力，为学生的精神成长注入积极的能量。在课堂教育的同时，应通过营造校园文化环境，培养学生积极的心理素质，开展多种形式的心理健康教育活动，增强学生的体验意识，促进学生主动参与其中。可以通过校园广播、校报、网络等媒体建立专题、栏目，利用微信等新媒体技术构建心理健康教育网络平台，动态理解和把握学生心理状况和心理需求的新趋势，通过科学有效的心理健康教育体系提高学生的心理素质，努力培养学生成为阳光、快乐、进取的人，从根本上提高学生身心健康水平，促进其健康成长和全面、和谐发展。

五、丰富心理危机干预内容

（一）着力培养大学生积极的认知方式

在传统的心理健康教育和心理危机干预过程中，我们只注意消极方面，即围绕大学生的心理危机开展心理健康教育和心理咨询等干预，主要是治疗心理疾病和解决心理危机。积极心理学提供了一种可操作的观点，即把消极干预转变为积极预防，而预防实际上是对大学生心理危机的一种事前干预，关键是培养大学生的积极心理品质。

大学时期是大学生心理素质发展的关键时期。学生的自主意识、创新意识、观察能力和思维能力逐渐增强，对学生的成长起到了积极的作用。但同时也存在一些不容忽视的消极因素，如价值观扭曲、意志力弱、缺乏人格素质、团队观念差、心理素质差等。积极心理学提倡以积极的态度看待问题，以激发每个人潜在的积极力量和优秀品质。

首先，要培养大学生建立积极的认知方式。大学生应通过与他人的互动和他人对自己的评价，提高自我意识；通过与他人比较，发现自己的长处和短处，扬长避短，不断完善和提升自己。然而，在现实生活中，一些大学生出现自卑、过于贬低自己的情况，看不到自己的长处，总是用自己的缺点和别人进行比较，这种错误消极的思维模式还会引发其他不安情绪，如焦虑、内疚、愤怒等。贝克提出了抑郁症认知疗法，当事情不如意的时候，要教育引导学生看到事物的另一面，进行变通，以更灵活的方式看问题。当然，也有一些学生经常产生自满心理，看不到自己的缺点。每个人，包括气质、性格、外貌、教养等都是不同的，所以每个人必须首先接受这种差异，并积极接受自己。一个人只有接受自己，才能得到别人的认可。大学生应根据自身的实际情况设立相应的人生理想和目标，并由近及远、脚踏实地地一步步实现。

其次，要鼓励大学生勇于面对挫折。如今，快速便捷的生活方式不仅改变了人们的生活方式，而且给人们的身心健康带来了潜在威胁。由于生活环境相对优越，社会实践经验较少，承受挫折的能力较差，当代大学生在困难来临时往往手足无措，选择以焦虑、恐慌、愤怒等方式消极应对，甚至采取极端方式。虽然大多数高校都开设了心理健康教育课程，设立了心理咨询中心，但大多数学生并不愿意主动寻求帮助。因此，引导学生积极看待挫折是思想政治教育工作者的主要任务。人在成长的各个阶段，不可避免地会遇到挫折，必须承认遭受挫折是生活的一部分。挫折是一种因个人需求得不到满足而产生的消极情绪体验。虽然它可能给人带来痛苦和麻烦，但它也是意志成熟的重要标志。良好的心态是应对挫折的前提。要保持坚韧不拔的精神，敢于挑战。面对质疑和困难，要积极向同学和老师寻求帮助。作为教育工作者，要以平等的态度对待学生，尽量避免"我说你听""我打你通""我导你做"或简单粗暴的说教和指示，要引导学生积极参与思想政治教育活动，找到自己的闪光点和发扬优良的道德品质。

因此，对于大学生来说，在日常学习和生活中，应当关注自身积极的心理品质。教师在思想政治教育和心理健康教育过程中要引入培养积极心理品质的相关内容；在课外实践活动中，也应当增加相关环节，只有这样才能够达到培养大学生积极心理品质的目的。

（二）加强大学生积极情感体验

情感体验是积极心理学研究的核心内容，它不仅来自外部的感官愉悦，而且来自内心的心理享受。实质上，培养积极心理品质的过程是学生的一种体验过程，只有外部的积极体验在内部起作用，才能得到良好的结果。积极的情感体验离不开一定的人格特质。当个人有积极的情感体验时，他会对自己提出更高的要求，从事某种由内部动机驱动的活动，最终促进人们的优秀素质和积极人格的发展。因此，在教育活动中引入积极的情感体验，在预防大学生心理危机和提高教育教学的针对性和有效性方面可以起到重要的作用[127]。

首先，我们应该科学设定目标，激发学生的体验兴趣。目前，我国大多数高校都非常重视心理教学目标的设定，但在实际教学过程中仍有一些局限性。要想将积极的心理体验运用于工作中，需要合理制定学习任务难度水平，引导大学生主动进入情境中去获得良好体验，在情境中自主思考和探究，以此将课堂上的抽象化理论化为积极感性认知，让教育活动变成大学生一项充满活力的、开放性的认知客观世界并改造主观世界的过程[128]。

其次，要创造良好的教学环境，激发学生的积极体验。把积极的心理体验引入大学生的课堂教育，实质上就是运用积极的心理体验方法，创造良好的教育情境，引导学生全身心投入到课堂教育中去。在模拟和想象的情境中，大学生可以获得积极的心理体验，周围优美的环境可以影响大学生的情绪，并通过情境情绪的选择和修饰来调节他们的心理和态度。这是人们调节情绪的首选，可以使大学生在心理上获得积极的体验。应帮助大学生减少消极情绪，增加积极心理体验。作为大学生，积极创造有利于情绪调节的情境和环境，对心理健康的发展具有积极意义。比如，大学生可以通过微博、微信、论坛等新媒体平台，或者通过创建情感互动群来解决心理压力，释放消极情感，传递积极能量，调整心理问题，预防和缓解心理危机。

第三节
构建多方合力的大学生极端心理危机预防机制

社会是人的社会，人是社会的人，人与社会不可分割。人都生活在一定的社会之中，人的本质属性是社会性，当人们遭遇到各种困难情境，特别是严重的心理危机时，往往需要周围人帮助他们渡过危机，包括学校、家庭、社会。这一方面可以尽量消除导致学生产生心理危机的源头，另一方面也可以对处于心理危机阶段的学生采取相应的措施给予帮助和支持。所谓大学生极端心理危机预防机制，就是充分利用大学生极端心理危机的保护因素，约束、抑制诱发和导致大学生极端心理危机的危险因素，社会、学校、家庭及个人共同努力，前三者之间相互协调与配合，社会为学校和家庭提供一个安定和谐、有着正确核心价值体系的大环境，学校和家庭作为社会大环境中的重要组成部分，应该在社会核心价值体系的引导下，加强沟通和配合，共同为大学生创造一个良好的生活学习环境，在人生观、世界观方面给大学生以正确的引导，帮助大学生塑造健全人格，从根源上预防大学生极端心理危机的产生。

一、社会是心理危机预防与干预的重要影响因素

每个生活在社会中的个体，都不可避免地受到社会环境的影响，包括政治环境、经济环境、法制环境、科技环境、文化环境等宏观因素。

当所有这些因素呈现出良好而稳定的状态时，政局稳定、言论自由、法律公平公正、经济繁荣发展、文化欣欣向荣，生活在这个环境中的个体就会体验到安全感、幸福感，对社会生活充满积极正面的态度；反之，如果社会不安定、暴力冲突不断、人民权益遭到践踏，个体在社会生活中体验到更多负面消极的情绪，则会令个体对现实生活失去信心甚至产生报复社会的心理。因此，净化社会环境，营造一个有利于大学生健康成长的环境，对防范大学生心理危机可以起到事半功倍的作用。

（一）建立专业的心理危机干预服务机构

近几年我国对于大众尤其是学生的心理健康逐渐重视，心理学专业人员也逐渐增多，但是关于灾难及危机的心理卫生服务系统与发达国家相比仍存在较大差距，仍旧缺乏专业的组织和工作人员。针对这些情况，政府应积极鼓励建设由专业人员组成的危机干预服务机构，出台相应的扶持政策。例如对于高校心理学教师来说，可让其在职称评审中享有一定的优惠政策，使其能有更充足的时间、精力投入心理危机干预这项事业。同时，加强对志愿者的专业培训，使其掌握更多的心理学知识和心理咨询技能，避免志愿者专业水平良莠不齐而造成群众对于心理危机干预机构的不信任。另外，危机干预是一项公益事业，相关组织是非营利性的机构，但是即使志愿者及专业人员都不计报酬，这个机构的运营也是需要经费的。所以，政府应该加大支持力度，同时扩大宣传范围，使更多的人来了解这项工作，并支持这项工作的开展，通过努力使得危机干预服务成为一项普及的社会服务，使人们相信这些工作能及时而有效地遏制一些极端心理危机事件的发生。

（二）加强心理危机宣传教育，发挥媒体积极作用

目前，公众对于心理危机普遍缺乏正确的认识，以致在身边的人处于心理危机状态时，没有一个准确的判断和应有的重视；当极端心理危机事件发生时，仍然没有意识到问题所在，而只将事件的发生归咎于某个导火索。政府及相关职能部门应该承担起重要责任，经常面向公众开

展心理危机相关知识的宣传教育，如主办全国性的心理危机和心理危机预防学术会议，举办公共场合的展览，拍摄栏目剧，等等；在当前网络等新媒体迅速发展的时代，更应擅于利用新媒体广泛且快速的传播方式，提高公众对心理危机及其可能导致严重危害的警惕性，同时使公众认识到心理危机是一种可以预防的公共卫生问题，纠正人们的误解，更加及时有效地发现心理危机高危人员，减少由此产生的极端心理危机事件。另外，国外的实践经验及很多研究表明，规范娱乐界和新闻界对自杀行为的报道，是降低自杀率的策略之一。媒体对于极端心理危机事件的不当报道，很有可能引起某些人的模仿，反而会产生负面消极的作用。媒体应以对社会负责的态度尽可能减少对自杀方式及暴力作案手段的宣传，更多地对引发此类事件的深层次原因进行报道，使公众了解事实真相，引发人们对逝去生命的惋惜及对所有生命的尊重，同时向公众展现由心理危机引起的极端心理危机事件对社会和家庭的伤害，提高公众和社会各界对预防心理危机工作重要性的认识，并宣传和传授预防心理危机的知识，减少身处心理危机中的个体自杀及攻击行为的发生[129]。

二、个人是心理危机预防与干预的关键环节

根据内因和外因的辩证关系可以得知，外因是条件，是通过内因起作用的。大学生极端心理危机的预防关键在于个体的内部因素，外力的"推"或"拉"终究不是决定性因素，干预措施的选择更多地是启发和利用人内部的资源，实现人的自救和利用现有的资源实现对他人的救助。处于心理危机中的大学生往往有消极的心理，眼前的困境、信仰的缺失、人生价值和人生意义的模糊是他们产生迷茫、痛苦甚至极端行为的不良诱因。而积极心理品质是一种正向的心理品质，如乐观、自信、爱心、进取、挑战、执着、奉献、宽容等。制造极端心理危机事件的大学生往往缺乏这样的品质。只有拥有积极的心理品质，大学生才能真正提升自我干预水平，在遭遇心理危机时，能够依靠自身的力量来度过危机。

（一）培养学习动机和兴趣，积极地自我认知

首先，学习是大学生的重要任务，读书是提高自身修养最好的途径，同时也是改变自身错误认知的有效手段。广泛阅读各类书籍，更多地汲取新知识，发展多方面的能力，提高自身综合素质，是化解心理问题最好的"良药"。有了丰富的知识，受到较高层次的教育，人的修养会进一步得到提高，对问题的看法、对事情的处理等就会有全方位的思考和把握。大学生要实施心理危机的自救，就应该坚持努力学习，不断改造自己的主观世界，培养正确的价值观和科学的人生观，铸就承受压力和抗拒刺激的人格盾牌[130]。大学生可以通过学习一些认知训练方法来逐步改变原先错误的认知。当大学生对自身所学的东西感兴趣时，并不觉得学习是压力，他更关注的是学习带来的乐趣和求知欲的满足，而很少关注外来的压力。大学生在自觉地学习和钻研的过程中会产生一些肯定的、积极的情感体验，这种积极的情感体验，即使在学生遇到困难和挫折时，仍然能够使其保持良好的心态，积极、自信地面对学习。因此，培养自己的学习兴趣，使自己更加专注于学习任务本身，心理上不过多地被学习任务以外的因素所干扰和控制，是一种调节压力的有效方式。

其次，正确地认识自我，形成良好的自我反应能力与完善的社会功能，促进自我积极健康的成长。大学生应形成良好的生活习惯，如按时作息、不抽烟酗酒、坚持体育锻炼等。要树立积极乐观的人生观，以积极的心态面对挫折和失败，相信失败是成功之母，前途是光明的、道路是曲折的，相信自己，做最好的自己。其实，很多负面情绪与我们内部的挫败感有关，也与我们的目标期望相关。不要对自己的期望值过高，只要把自己能做好的事情做好就可以了，只要通过自己的努力取得进步就应该为自己感到自豪，感到幸福，做一个快乐充实的大学生[131]。当遇到危机时，大学生要积极运用自身的资源和社会资源，想到：自己的父母，他们是爱自己的，会帮自己解决问题；自己的老师和同学，会支持自己鼓励自己，会帮自己化解危机。总之，大学生自己要想到主动寻求帮助，积极地应对，相信办法总比困难多，没有过不去的坎儿，想方设法把危机化解在萌芽状态，避免极端事件的发生。

（二）勇敢面对现实，提高解决问题的能力

为了有效预防极端心理危机事件的发生，大学生在改变错误认知、正视现实的同时，需要不断提高解决自身问题的能力。第一，需要一个正确的态度来看待问题。很多时候，大学生并不缺乏解决问题的能力，而是缺乏正视问题的勇敢态度，遇到问题时，首先想到的是逃避、否定。在这样的态度影响下，遇到问题时自然无法妥善解决。第二，通过具体清晰的定义来确定问题的存在。大学生陷入心理危机时，往往会被自己所处的情境困扰，无法准确判断存在的问题。人际交往出现问题的大学生往往认为"没有人喜欢我"，如果换一种方式定义"我对我的人际关系不满意"，或许他/她能更清楚地了解自己所面临的问题，从而更积极地寻求改变的途径。第三，制订行动计划并付诸实践。计划如同一座桥梁，连接着眼前所处的情境和人想去的位置。大学生在遇到问题的时候，怨天尤人是毫无帮助的，唯有正视问题，制订行动计划，在制订计划的过程中权衡利弊，寻找最佳途径，并将其付诸实践。但在行动前，要预测行动会产生的后果。行动后，将实际结果与预测后果进行比较，可判断计划的优劣，若结果不理想，问题仍没有得到有效解决，则应对原先的计划进行修正，继续寻找更有效的方法。经过以上步骤，大学生解决问题的能力会得到提高，也有助于打破其消极的、不合理的思维模式。

（三）积极主动与他人交流，有效利用社会支持

很多研究都证明，社会支持和社会联系对各种人群的心理健康有积极的作用。良好的社会支持可以满足大学生被尊重被关爱的需要，有利于个体对自身价值产生更高的评价；同时社会支持可以为个体带来有效解决问题的策略和情感慰藉，可以降低个体对压力严重性的感受，从而也会减小压力对个体的不良影响。大学生一旦陷入心理危机，常常会产生一种孤独感，认为没人能理解他们，也没人关心他们，而对于身边的社会支持资源，如老师、同学、朋友、家人、心理咨询师等，往往视而不见，甚至抗拒他们的帮助。大学生应当相信有人会愿意听自己诉说苦恼，并愿意提供有益的帮助；如果不愿与别人分享自己内心的压力，则

可以尝试通过电话、写信、网络聊天等多种方式与他人保持联系。交流的内容可以五花八门，不一定涉及自身的心理危机，这样同样能够起到转移注意力、减轻心理压力的作用，并且可能在与别人的交流中发现自己面对的问题并非不可解决。要相信在与人交流的过程中，可以逐渐恢复内心的平衡，以此抑制自杀或攻击的冲动[132]。

（四）坚持健康的生活方式，学会善待自己

健康的生活方式指生活有规律、劳逸结合、科学用脑、坚持体育锻炼、少饮酒、不吸烟、讲究卫生等。大学生的学习负担较重，心理压力较大，为了保持较高的学习效率，必须科学地安排好每天的学习、锻炼、休息，使生活有规律。体育锻炼有利于强健身心，从运动心理学角度来说，运动过程也是一个释放负能量的过程，运动带来的肌肉酸痛感能够使个体内心潜在的压抑和痛苦得到宣泄，身体的放松会带来心情的放松。同时，体育锻炼可以让大学生拥有更好的睡眠质量，而良好的睡眠能帮助大学生保持清醒的头脑，有利于其抵抗心理危机带来的焦虑与痛苦。心理健康的标准包括认识自我、接纳自我，对自己有清醒的认识，善待自己，有积极的人生观，有切实的生活目标，不好高骛远，等等。处于心理危机之中的大学生，如果能坦然面对、接纳这样一个自己，好好照顾自己，并寻求更多途径来安抚自己的心灵，最终定能帮助自己度过危机情境。

（五）学会与压力共舞

每个人都会有压力，关键是自己怎样看待压力、释放压力。要放松心情，保持乐观向上的心态。现代心理学研究发现，人在心情愉快时，新陈代谢就会改善。烦闷、愤恨、焦虑、忧伤，是产生压力的催化剂。因此，要经常保持愉快的心情，培养坚强乐观、开朗幽默的性格，具有广泛的爱好和兴趣，始终保持积极向上的生活态度。同时应当加强意志和魄力的训练，培养自己不畏强手、勇于拼搏的精神，不断提高对压力的承受能力，适度地转移和释放压力。面对压力，转移是一种最好的方法。压力太重背不动了，那就放下来不去想它，把注意力转移到轻松快乐的事情上去。大学生应多参加集体活动和比赛，通过活动和比赛增加和其他学生的交流，调整自己的心态，提高自身的心理素质。那些经常参加集体活动的学生比较乐观，不容易冲动，遇事知道和别人商量。适度运动，让生命充满活力。经常锻炼身体的人，血压可保持正常的水平，新陈代谢和工作能力会大大加强和提高，压力和烦恼也会烟消云散。可以把压力告诉自己的亲朋好友，经常找朋友沟通；也可以把自己的感觉写下来。

心理学家研究和调查得出结论，生活中顺利的人，大都重实际、可靠、人际关系良好，对于生活中的不幸遭遇有一种自控能力，包括对思维、行为和情感的自我控制。首先，大学生要有对收获更好生活前景的控制感，这种控制感是通过积极的思维，专注于自己的积极面而非消极面。其次，通过采取改变眼前不利形势的行动来增强控制感和自我效能，进而提升自信和自尊，同时对于冲动行为拥有控制能力，学会权衡后再做反应。最后，大学生要具备面对困难情绪或愤怒的能力和意愿，以及朝向心理健康的强烈动机。同时，宣泄也是一种非常有效的调节情绪的手段，把心中的痛苦、委屈和愤恨统统发泄出来，以达到心理平衡、缓解压力的目的。宣泄的方式很多，可以向亲朋好友诉说，可以通过日记或博客等方式写下来，或者去无人的旷野呐喊，让心理的重负得以减轻。

三、家庭是大学生极端心理危机预防与干预的重要纽带

每一个孩子的成长都与家庭的教育息息相关，父母的言传身教对于子女健全人格的形成及心理的健康发展有着重要的影响，温馨的家庭氛围还能够为身陷心理危机的学生提供强有力的心理支持，帮助其树立信心、面对危机，最终战胜危机。大学生虽然离开了父母独立生活，但家庭仍然在影响着大学生的学习和生活。特别是长期的应试教育使得父母对子女的关注点始终聚焦在学业上，而对其出现的心理不适不够敏感。如果子女已经出现心理危机状态，父母须配合学校的工作，接受学校的意见，采取行之有效的干预措施帮助自己也帮助孩子积极应对，走出危机。比如，目前大多数学校对于心理出现问题的学生会劝其休学回家静养，这个时候父母及亲属要对孩子承担起监护的责任。

（一）要构建和谐的家庭关系，营造良好的家庭氛围

安定和睦的婚姻关系、亲密无间的亲子关系是家庭关系的两个主要方面，对大学生心理的健康成长尤为重要，也是大学生走出心理危机困境的强力后盾。家庭是孩子第一个也是终身的学校，家长则是孩子终身的老师。家庭的影响是大学生极端心理危机事件产生的重要因素之一。家庭教育的失当会使孩子形成不良的习惯甚至有缺陷的性格，无法培养孩子良好的心理品质及应对挫折的能力，为以后可能出现的极端行为埋下隐患，所以必须完善家庭的教育功能。在家庭中，父母需要不断地汲取新的知识，掌握科学的家庭教育理论，才能有的放矢对孩子进行教育。因此，建议在孩子成长的每一个关键时刻，如出生、入托、小学、中学、大学、工作、婚前等，父母均要接受相关阶段的家庭教育培训，帮助孩子顺利渡过各个时期，并明确作为一名家长肩负的重任，以身作则，给子女树立正面积极的榜样。父母之间应彼此尊重、坦诚相待、相濡以沫，营造充满爱和尊重的家庭氛围，共同关心和教育孩子，尊重孩子的想法和意见，让孩子能从自己得到的尊重中学会自尊和尊重他人，与人建立良好的人际关系。爱严结合，不溺爱孩子，也不应将孩子视为"私有物品"随意处理甚至打骂，应该让孩子在感受到来自家庭的温暖和关爱的同时，学会独立处理生活中的各种挫折和困难，培养孩子的自信心和耐挫力。同时应以孩子为镜，不断修正自己的行为，知错就改，与孩子共同学习、共同进步。家长通过努力，培养孩子健全的人格，为其健康成长奠定良好的基础。家庭教育功能的实现需要整合社会、学校、社区等力量，学校、社区等部门应组织有针对性的专题讲座、沙龙、亲子活动等对家长进行系统、科学的培训，让家长能有更多的途径对他们终身所从事的这份"职业"进行"充电"[133]。

（二）家长应加强与子女的交流沟通，及时疏导负面情绪

家长应当肩负起言传身教的责任，革新教育理念，改善教育方式，充实教育内容，使心理健康教育成为家庭教育的一部分，注重提高孩子的品德和素养。家庭成员之间要经常聊天、谈心，交流各自的想法；家长对孩子心理上的困惑应及时疏导、点拨，循循善诱、鼓励支持。在条件允许的情况下，可引入专业心理辅导医师，家长与心理辅导医师保持密切联系，时刻关注孩子的心理动态，以便在出现严重危机时寻求专业性的指导。时常听到有些父母感叹孩子一长大就跟自己疏远了，实际上，这种疏远正是由于父母与孩子之间缺乏精神交流，导致孩子认为父母不理解自己，在孩子出现心理危机的时候，父母往往也无法为其提供强有力的支持。所以，一旦发现孩子有心理异常，父母应该给予特殊的帮助，如弥合代沟、情感沟通、成功教育、共同参加有关活动等，努力为孩子营造一个和谐融洽的家庭氛围，用民主平等、宽容理解的态度来对待孩子；平时也应对孩子生活圈内的重大事件保持一定的关注，当极端心理危机事件发生在孩子周围或对孩子造成直接影响时，应当配合学校加强对孩子的心理扶持和引导，帮助孩子合理看待、正确应对，消除或最大限度地减小极端事件对孩子造成的心理阴影。当孩子在价值取向上出现严重错位甚至有引发极端心理危机事件倾向时，不能一味求全责备，更不能听之任之，而应当晓之以理、动之以情，引导孩子认清善恶美丑，让他们感到亲情的温暖，帮助和鼓励他们走出困境，同时协助各方追本溯源、查疏堵漏，化解各种危机。

（三）家庭教育中应更多地关注子女的心理健康教育，并正确对待子女的心理危机

在很多父母心目中，孩子只要学习成绩好就行了。但实际上，很多孩子虽然有了好成绩，但并没有健康的状态，特别是没有健康的心态。很多家长与孩子联络时，总是问钱够不够花、吃得好不好，而没有去关注孩子是否适应的问题。孩子跟他们讲话的时候，往往是报喜不报忧。家长也应做孩子的心理保健医生，要善于跟孩子去沟通，去倾听他们的

声音。要引导孩子健康地交往、成长和适应。适应包括校园新生活的适应，也包括将来对社会的适应。大多数大学生上大学都是第一次离开父母，异地求学，有不少家长在经济上给予孩子很多支持，要求他们好好学习，而对学习以外的其他方面不够关心。父母对孩子的影响是巨大的，在大学阶段，学校需要家长的积极配合来提高学生的为人处事等各方面的综合能力。这就要求家长要不断更新教育理念，了解大学生的一般心理特点，做好其心理压力的调节和疏导工作，使其身心和谐健康发展。在这个自主学习的时代，家长也要不断地充实自己，学习心理知识，在对子女的抚养成长过程中，不但要关注物质、经济上的供给，更要关注精神、心理上的健康。

同时，家长在面对处于心理危机中的子女时，既不应置之不理，也不应过度紧张，前者使子女产生无人关心自己的孤独感，后者则易增加其压力。有的家长对于心理危机没有一个正确的认识，或是认为子女无病呻吟，或是认为有心理疾病是一件不可告人的事，这些都是不可取的。当家长发现子女处于心理危机状态时，一方面应该与学校、老师积极配合；另一方面可寻求专业心理咨询机构的帮助，克服对心理疾病的偏见，用爱和关心对子女提供有力支持。

四、学校是大学生极端心理危机预防与干预的重要主体

对大学生来讲，大部分的时间应该是在学校度过的，老师与同学是他们接触最多的人，在生活中往往能给予他们及时的支持与帮助。大学期间是大学生形成人生观、世界观、价值观的关键阶段，大学生能否顺利地完成从学校到社会的过渡，高校起着至关重要的作用。因此，高校的教育环境、老师的言传身教对预防大学生极端心理危机事件起关键性作用。

（一）完善思想政治教育，营造良好的校园文化环境

1. 要树立以人为本的教育理念

思想政治教育是为了培养学生的健全人格和良好心态，促进其健康

成长。当代大学生的思想政治教育环境发生了广泛而深刻的变化，大学生群体思想文化需求日趋多样，价值取向日趋多元。高校思想政治教育只有满足大学生的需要，才能促进他们通过各种途径去接受和践行……因此，思想政治教育必须树立以人为本的教育理念。在教育观念上，以人为本的教育理念要求突出对学生的人文关怀，要把学生看成有情感、有需要的"人"，而不是知识的"容器"和考试的"机器"，要在一个轻松、愉快、和谐的氛围中对大学生感兴趣的问题进行思想和政治上的引导与教育，同时深入学生的学习、生活、课外活动之中，关注大学生生活细节，聚焦大学生生活场景，并且加强对大学生个体的关注，把握大学生思想脉搏和行为习惯。只有不断拓展思想政治教育的途径，不断创新教育方式，才能敏锐地把握大学生的思想动态，了解大学生所处的困境，才可以有针对性地进行教育和指导，把不良思想扼杀于萌芽状态，指导学生理性地分析和解决问题，有效减少自杀及攻击等非理性行为的发生。

2. 要加强校园文化建设

学校是学生时期重要的活动领域，积极的学校环境氛围能够对学生产生巨大的吸引力和向心力，使得他们喜欢学校生活，愿意在这里接受系统知识的学习。这里所说的校园环境已经不是传统意义上的环境，而是系统的校园文化建设。良好的校园文化氛围不仅可以展现学校的校风、教风和学风，同时可以陶冶学生的情操，调节学生的情绪，发挥学校正确的价值导向作用，最终达到育人的效果[134]。

加强校园文化建设首先要注重校园环境的优化。校园环境是校园文化的重要组成部分，它反映着思想政治教育的目标和要求。干净、整洁、优美的环境总会让人心灵得以净化，品质得到提高，审美能力和审美素养得到提升。学校的一草一木、一碑一牌都要传达积极正向的力量，体现学校的办学特色和治学理念。同时，学校要将体现校园精神和人文特色的理念运用于校园雕塑、亭台水榭等人文景点中，达到隐性教育的目的。要完善校园道路、围墙、建筑物等的规划布局，努力体现校园建设的完整性和科学性。合理科学的规划设计不仅能体现学校可持续发展的理念，同时还为师生工作和学习提供良好的环境氛围，从而强化校园环境的育人效果。

加强校园环境建设既包括自然环境的优化，同时也包括人文环境和人文活动的完善。应以文化为载体，对广大师生开展校风、教风、学风教育，大力加强校报、校刊、校内广播、校园网等建设，不断地探索校园文化建设的途径和方法。同时，应完善校内文化设施建设，开展丰富多彩的社会文化活动。大学生富有热情，思维活跃，参与意识强，学校应尽量满足学生参与文化活动的需求，有力推动学生个性的多样化发展。同时，在开展文化活动过程中，教育者要有意识地将思想政治教育贯穿其中。校园文化要围绕学校的育人理念及活动特色展开。校园文化活动是校园文化建设极为重要的内容，学生在丰富多彩的活动中调动了积极性，强化了自己的兴趣和爱好，全面提高了素质，健全了积极人格。人创造环境，同时环境也创造人。良好的校园文化和校园活动不仅对于大学生积极情绪体验和积极人格塑造具有潜在的正向力量，同时学生也能通过校园活动的参与形成科学的世界观、人生观、价值观，有助于积极道德规范和良好认知体系的形成。

3. 加强学校日常管理，改善校风、学风

学校管理的漏洞会使存在心理问题的大学生不能被及时发现，也无法采取有效措施。加强学校的日常管理，就是要严格落实各项规章制度，加大对学生的心理筛查，排除各种不利因素对大学生心理发展的影响。教师和学生要共同致力于良好的班风、学风、校风的创造，使大学生树立正确的理想信念追求，弥补道德修养的缺失和综合素质的不足，为学生心理健康创造有利的环境和氛围。

（二）普及心理健康知识，全面提升大学生心理素质

1. 健全大学生自我意识，促进自我成长

自我意识就是一个人对自己身心状况，以及自己和他人关系的意识。学生如果没有正确的自我意识，不能客观评价自我，就会表现出和自身实际不相符合的行为，在社会生活中会产生较多的不适应感，体验到更

多的心理矛盾和冲突，从而可能引起心理失衡，陷入心理危机。因此，帮助学生健全自我意识十分重要，让学生学会观察自己、剖析自己，从而全面深刻地了解自我，客观地评价自我，既不自欺欺人也不自怨自艾，对自己的优缺点认识清晰，懂得按照自己的实际状况确立合适的目标，既不好高骛远也不妄自菲薄，在达成目标的过程中培养坚强的意志力，从而不断进步，不断成长。

2. 增加积极心理学训练课程，提高大学生心理弹性

注重促进人的积极的心理品质发展，加强人文关怀和心理疏导，引导人们正确对待自己、他人和社会，正确对待困难、挫折和荣誉，塑造自尊自信、理性平和、积极向上的社会心态。积极心理学的研究结果证明：只有人所固有的积极力量得到培育和增长，人性的消极方面才能被消除或抑制。积极心理品质的培养既是一个行为过程，也是一个心理体验过程，应当让学生学会积极主动地关心自己的心理发展，并在积极体验条件下内化形成某种品质特征。训练当代大学生的积极心理对于消除大学生成长中的迷茫，帮助大学生预防心理危机，都具有重要作用。当我们以积极心理去面对生活中的种种挫折时，我们会产生惊人的精神力量和智慧去克服困难。通过训练积极心理品质，可以让这些积极心理品质得到增长，从而使大学生的心理免疫力、心理适应力、心理承受能力增强，使他们能够从自身做起，为自己的生命负责，尊重生活中的各种或阳光或阴暗的方方面面，尊重自己及他人的生命，最终能够自我觉醒，突破心理危机的枷锁。学校应该大力宣传积极心理学知识，通过增设积极心理学选修课程、开展励志书籍交流会、播放积极心理影片、举办心理情景剧比赛等方式来进行积极心理素质的培养，引导学生在活动中积极参与、主动思考，在良好心理健康氛围下，向学生宣传和普及积极心理学知识，在无形中促进他们心理品质的优化，增强心理保健意识，掌握简单有效的心理调适方法，在一定程度上缓解心理压力，消除心理困惑，为维护和促进在校大学生心理健康做出积极的贡献。

3. 加强人际交往教育，培养健康的恋爱观

良好的人际交往，使大学生形成尊重、理解、信任、宽容等优秀的

品质，也使大学生学会求同存异、团结协作，为大学生心理健康提供保障。然而相较中学时期，进入大学之后人际交往变得复杂化、多元化，有些大学生未必能很快很好地适应这种变化，由此产生的种种问题可能最终导致严重的心理危机，所以关于人际交往的教育必须得到重视。要培养大学生人际交往的方法和技巧，使大学生拥有和谐的人际关系，即便产生心理危机，也拥有坚强的社会支持系统，可以通过与家人、朋友的交流沟通很好地预防心理危机进一步严重化。近年来，大学生恋爱现象比较普遍，而恋爱交往是一种较特殊的人际交往，如果没有一个健康的恋爱观，则很可能导致诸多问题产生，大学生极端心理危机事件中也有不少是由恋爱出现问题而引起的。2011 年，教育部发布了普通高校学生心理健康课程的基本要求，包括性心理和恋爱心理等心理健康课成为大学生的必修内容。由此可见，大学生正确恋爱观的培养十分关键。高校教师的任务是要加强对大学生恋爱问题的教育和引导，使学生对爱情有客观的理解，并思考大学期间恋爱的利弊，端正恋爱动机，培养爱的能力，学会表达爱、拒绝爱、发展爱，能积极正面地对待失恋[135]。

（三）将大学生思想政治教育与心理健康教育有机结合

思想政治教育与心理健康教育方法体系有所不同：前者通过思想教育、道德教育、政治教育及法律教育培养和发展大学生的思想品德，使其思想健康，达到完满状态；后者应用心理学的原理和方法提升大学生的心理适应能力，达到心理完满状态。二者方法体系各有特色，内容互相融合渗透，但最终目标都是培养大学生具有充分的自我教育能力和健康的人格[136]。单纯的思想政治教育和心理健康教育各有弊端：思想政治教育方法比较单一，显得枯燥乏味，缺少人文关怀；心理健康教育专业老师较少，上课基本都是大课，效果不显著；心理咨询比较被动，没有真正深入学生当中，机构设施不够健全。只有把思想政治教育与心理健康教育有机结合，扬长避短，相互促进，才能够达到心理健康教育的效果。

心理和思想既有区别又相互联系，思想转化为行动不是一件轻而易举的事情，其间包括了艰难的心理历程。思想离不开心理因素的支持，健康的心理也离不开正确思想的主导[137]。心理健康教育与思想政治教育也是相互促进的，健康的心理必须以良好的思想素质为前提，而思想政治教育的目的正在于提高人的心理素质，健康的心理同时又能起到促进、巩固良好的思想品德素质的作用。思想政治教育往往带有强制性，教育者一味的说教和硬灌输会忽略学生的感受，使其产生逆反心理，反而不能达到教育要求。心理健康教育是靠自觉性的，应关注学生的心理，理解学生的心理需求。教育者把二者结合，找出结合点，既可以使学生乐于接受，主动内化，还可以在一定程度上预测出学生的行为倾向，防患于未然。

（四）完善教育内容，创新教育方法，加强大学生理想信念教育和人文精神培育

由于当今社会科技飞速发展，信息传播速度快、范围广，新鲜事物不断涌现，社会生活多元化，使得大学生的个性发展趋于多面化，成长问题也种类繁多。要有效预防大学生极端心理危机事件的发生，要坚持继承优良传统与改进创新相结合，不断探索和把握大学生思想成长的规律，紧紧抓住影响大学生思想政治教育观念形成和发展的关键环节，增强大学生思想政治教育工作的时代感和实效性。应注重增加启发式、讨论式教学，联系大学生心理、生理、思想发展的实际进行教育以提高教学效果。同时，要帮助大学生树立正确的恋爱观、人生观、价值观，树立远大的理想和信念，减少因理想缺失诱发的极端心理危机事件。高校教师要积极地做出符合现状的调整，探索更易被大学生接受的教育方法，努力营造平等、民主的师生关系，缩短师生间的心理距离。学生具有较高的安全感和自主性，师生之间的互动就会更自然、和谐，这样学生能从中汲取的心理养分也就更多，更有利于学生的心理成长和心理健康。在此基础上，要引导学生树立远大的理想和正确的信念。只有让学生真正从内心接受教师所要传达的理想信念，这些理想信念才能内化为自己的行为模式，从而减少因理想信念缺失而诱发的极端心理危机事件。

人文教育不同于科学教育，它着重于世界观、人生观和价值观的培养。世界观是核心，它决定了人生观和价值观，人生观和价值观又对世界观有重要影响。大学生人文精神的培育首先要以科学的理论为指导，以帮助他们树立正确的世界观、人生观和价值观。大学人文教育的内容有丰富的素材，包含思想道德教育、民主法制教育和纪律教育，也包括中国优秀传统文化教育、世界优秀文化教育等，这些内容对提高大学生的人文素质、增强人文修养都具有重要作用。道德教育的主要内容是以为人民服务为核心、以集体主义为原则的社会主义道德教育。为人民服务是社会主义道德的集中体现，是树立正确的世界观、人生观和价值观的最终落脚点；而集体主义原则是社会主义道德区别于一切旧道德的根本标志，是社会主义道德的灵魂和核心。通过社会主义道德教育，有助于在社会主义市场经济条件下引导大学生处理好竞争和协作、自主和监督、效率和公平、先富和后富、经济效益和社会效益等关系；有助于提高大学生的道德素质，反对和抵制拜金主义、享乐主义和极端个人主义，克服损人利己、损公肥私、欺诈勒索等不道德的思想和行为。大学人文教育的发展必须高扬人文精神。人文精神是对人性、人的主体地位和价值尊严的关注与高扬的精神，是关于人的一种终极关怀和价值取向，充分体现着"以人为本"的观念。因此，大学人文教育要渗透"以人为本"的观念，凡事以人为先，以人为重，以人为尊。为此，在大学教育中应最大限度地开发大学生的潜能，不仅赋予他们广博的知识和技能，更重要的是塑造他们真、善、美的心灵，构建自尊、自爱、自强的人格，确立自我设计、自我实现、自我超越的精神。此外，要着重培养大学生关心他人、服务社会的品质。

五、建立大学生心理危机干预的预防教育体系

教育体系不完整，素质教育不到位，不利于培养大学生健全的人格和成熟的心理，这是造成大学生极端心理危机事件的深层原因，所以有必要建立并完善以生命教育、心理健康教育和道德与法治教育为主体的

危机事件预防教育体系。

（一）生命教育

生命对于我们每个人来说都是唯一而有限的，因此对待生命的首要原则就是珍爱生命。生命教育通过向学生传授有用的生存技能、心理学知识等，引导学生对生命及生命现象进行多方位的思考，让学生充分认识到生命的价值及生命的意义，从而珍惜、敬畏生命，不会轻易结束自己或者他人的生命，并赋予有限的生命以无限的意义。国外的很多学校都设有生命和死亡教育有关的课程。如在英国的课堂上，会为学生讲述人死时会发生什么事情，并且让学生轮流通过角色替换的方式，模拟一旦遇到如父母因车祸死亡等情形的应对方式，或体验一下突然成为孤儿的感受等。但我国忌讳死亡的传统文化，使得生命与死亡教育很难得到国人的认同，至今在学校教育中仍是一片空白。因此，要尽快让生命教育走进课堂，转变教育观念，开设专门的生命教育课程。生命教育就是要引导学生去理解生命、追求价值，关注人的生命、生活，尊重人的价值，它不应当只是传授给学生一些关于死亡的知识，而应当饱含着对人的生命的关怀，实施人性化的教育。

生命教育不同于思想道德教育或生理卫生教育，虽然和有些课程之间有重叠之处，但生命教育侧重于从心理学、伦理学、社会学等角度传授给大学生有用的心理知识、伦理规范、交往技巧、应对挫折的策略等，从而使大学生珍惜生命，健康成长。面对近年来发生的大学生自杀和伤人事件，高校要尽快把生命教育纳入教育内容，成立相应的领导机构，专门负责生命教育的协调、组织、实施等工作；同时进行深入细致的摸底调查，建立有关大学生的翔实、完善的心理档案，并进行动态管理，这样才能在实际的生命教育工作中做到有的放矢。在思想上要重视大学生的轻生或生活中的负性事件，如家人病故、失恋等。应对大学生直接开展有关生命知识的教育，着重让他们懂得生命的可贵性，彻底改变应试教育下僵化、老套、忽视学生生命意识的教育模式，推行关注学生个体生命多样性、独特性和创造性的教育理念，重视教育对学生生命的人文关怀，确立生命教育的人文教育理念[138]。

　　生命教育理念产生于 20 世纪 60 年代的美国，90 年代开始在中国港台地区引起关注。中国大陆地区从 21 世纪初逐渐开始相关研究和实践，通过在大学生中开展生命教育，帮助他们理解生命的本质意义，树立积极的生活态度，创造丰富的人生价值。首先，帮助大学生认识生命的可贵与美好，使他们学会珍惜和爱护生命。如今的大学生成长在物质极其丰富的时代，优越的生活环境和顺遂的成长道路使得部分大学生沉溺于无忧无虑的物质享受中，虚度宝贵时光，浪费生命能量，对生命的感受变得麻木，对自己或他人的生命缺乏认真的态度和深入的思考。如药家鑫在实施杀人行为前的动机仅仅是"怕撞上农村人，很麻烦"，生命无价的理念没有在他内心深处生根萌芽，于是他几乎没有丝毫怜悯地结束了无辜的生命。生命教育帮助大学生学会珍惜自身生命并尊重他人生命，领悟生命存在的价值。另外，要促使大学生理解生命的意义，追求生命的价值。部分大学生生活没有追求，觉得生命没有意义，陷入空虚和迷茫的困境。生命教育要让大学生树立生命责任意识，学会激发自己的理想和追求，懂得人能够通过自己的努力实现自己的理想，创造自己的价值，这是人与动物生命最本质的不同。在实现目标的道路上会遇到困难与挫折，要教育大学生坚强乐观地面对并克服磨难，创造人生的价值。

　　目前，生命教育在我国还处于起步与探索阶段，在高校中尚未形成完整的生命教育体系，对此，广大的高校教育工作者首先要树立生命教育的理念并将其贯彻于教学与管理工作之中。要开设独立的生命教育课程，让大学生有机会系统地学习生命教育知识；充分利用思想政治理论课平台，在"马克思主义基本原理""思想道德修养与法律基础"等课程教学中注意引导大学生树立正确的生命观和价值观；开展丰富多彩的校园文化活动和社会实践，提高大学生的生命感受，培养生命意识和生命情感；营造和谐的校园氛围，让大学生感受生命的美好，以更愉悦的心情、更饱满的精神去学习和生活，创造生命价值。

（二）心理健康教育

教育的任务不仅仅是传授知识技能，更重要的是培养学生全面的素质，包括完善的人格和健康的心理，这也是素质教育的基本目标。社会生活节奏的加快、学习与求职竞争的激烈都要求大学生具备良好的心理素质，以应对各方面的挑战与压力，重视并加强大学生的心理健康教育对于大学生身心健康发展及极端心理危机事件的预防有非常重要的意义。

通过心理健康教育，培养大学生对自己正确地认识，全面地了解自己，客观地评价自己，认识自我，悦纳自我，避免出现认知偏差，从而能够在学习和工作中对自己进行合理的定位，让能力得到最有效的发挥；培养大学生管理情绪的能力，使其掌握调整情绪的方法，了解自己的情绪状态，当出现愤怒、悲观、懊丧等不良情绪时能够及时认识其危害并理性地加以调控，维持平稳、乐观、积极的心境；引导大学生进行人格的自我完善，使其掌握人格特征相关的心理知识，在学习与实践活动中有意识地塑造自己健康的人格，在与人交往时更加正直、乐群，在处理问题时更加自信、果敢，在应对压力时更加理智、坚韧；帮助大学生树立成熟的爱情观，处于青年早期的大学生，生理发育成熟，对爱情怀有向往，需要对其进行两性心理健康教育，引导其正确处理与恋人之间、恋爱与学业、爱情与友情的关系，对于爱情的本质、择偶标准、性道德等问题有科学的认识与态度；培养大学生对自身心理健康的保护意识，当意识到自身存在心理失衡时能够进行自我调节，当出现心理问题甚至发生心理危机时能够主动运用心理健康知识或求助心理健康机构，积极关爱自身的心理健康。

高校心理健康教育普遍存在师资力量薄弱、教育方式单一、教育理念滞后等问题，对此，我们在工作中要注意将心理健康教育与思想政治教育工作相结合，拓宽心理健康教育渠道，营造关注心理健康、提高心理素质的良好氛围，潜移默化地培养大学生的心理健康意识，提高大学生的心理健康水平。

（三）道德与法制教育

近年来大学校园内极端心理危机事件的发生，与大学生道德素养和法律观念的淡薄有密切的关系，甚至当极端心理危机事件触犯了法律演变为犯罪行为时，部分当事大学生尚未意识到问题的严重性。道德教育与法治教育是相辅相成的，在素质教育中，既要加强道德教育，又要加强法治教育，人们增强了法治观念，也就会相应提高道德水平。但是，在中小学阶段，巨大的升学压力导致道德与法治教育严重缺失，到了大学阶段，虽然开设了"思想道德修养与法律基础"课，但是效果不尽如人意。究其原因，一方面，从学校层面来说，对该课程重视程度不够，部分任课教师缺乏法律专业基础，部分兼职教师无暇认真备课，存在"混课时"心理，授课过程中仅是灌输书本内容，课堂效率较低；另一方面，相对于本专业课程，大学生对该课程缺乏兴趣，虽然是必修课，但是属于考查科目，部分大学生对其抱有得过且过的心态，致使该课程没有达到应有效果。另外，高校的道德与法律知识宣传普及方式过于简单，例如大学生法律知识测试一般来说仅仅是将正确答案搬到答题纸上而已。

要切实将高校的道德与法制教育落到实处，一方面，要充分重视"思想道德修养与法律基础"课程，改进教学方式，完善教学内容。在教学过程中，要注意将教材内容与现实生活实际相结合，通过生动的案例来启发学生思考，深化其对问题的认识，在相互谈论、交流等互动过程中提高课堂效率，还可以适时开展第二课堂，通过旁听法庭审判、组织模拟法庭、收听法制报告等形式将课堂延伸到现实情境中，提高大学生的知识感知度和运用能力，在学习与体验的过程中增强道德观念与法律意识。另一方面，开辟多种教育宣传渠道，特别是网络阵地的建立与维护。在校报、校刊、宣传栏、广播站等传统校园媒体中有步骤、有条理地进行相关宣传并定期举办活动，在学校网站上开辟道德与法律专栏，可以在专栏板块中添加权威普法网站与思想道德主题网站的链接，组织时下法律热点案例的网络讨论，开展相关网络问卷调查等。

第四节
构建基于积极心理学的大学生心理危机预警机制

一、畅通心理危机预警网络

心理危机是可以预防的，危机预警是危机干预的前奏。在危机管理中，预警系统是子系统，通过收集学生的心理信息并进行分析，发现可能出现心理危机的学生，并及时向有关方面发出预警信号，有关方面据此及时进行干预，以避免危机事件的发生。针对大学生群体中的心理危机易感人群，高校应当制定心理评估模型，实时掌握特殊群体的心理状况。此外，应当建立完善的心理危机咨询渠道，一方面，应当鼓励和引导大学生发现自身的心理问题，及时咨询；另一方面，可以通过寝室室友、同学、辅导员、宿管员和学生家长等了解大学生的心理危机情况，及时沟通，并反馈到预警系统中，在最短时间内定位心理危机个体及危机来源，并结合实际情况进一步展开分析和测量。如可以采用大学生喜闻乐见的方式展开咨询和交流，建立心理危机咨询的微信公众号、微博、QQ群、论坛和开辟咨询热线等，丰富咨询方式，鼓励大学生积极咨询自己的心理问题，同时可以借助微信、微博等匿名沟通的优势，打消大学生在交流过程中泄露隐私的后顾之忧，有利于他们说出心里话，从而更准确定位和分析其心理问题。

首先，可以建立起心理危机四级预警工作的领导小组，由分管学生工作的校领导担任主要负责人，由心理健康教育中心主任、各二级学院分管领导担任领导小组成员，统筹管理心理危机预警工作。一方面，要落实心理危机预警工作责任制，这是确保预警工作有效运行的关键。将每一层级相关人员应履行的职责和应承担的责任进行明确分工，实施奖惩措施，充分调动其主观能动性与积极性。另一方面，要实行心理危机预警工作督查制度，通过热线电话、网络留言簿、意见信箱等渠道了解预警工作情况反馈；督查小组（从领导小组成员中随机指派）定期对各部门、院系的心理危机预警工作的执行情况进行监督，检查预警工作材料并将发现的问题及时传达给相关责任人。此外，可以建立心理健康信息反馈及汇报制度。所谓反馈制，指学校心理健康中心需及时向相关领导、辅导员、班主任等反馈学生的心理健康状况，尤其是有心理危机倾向的学生更应在第一时间将其心理评估结果进行反馈。汇报制，指与学生日常接触较多的学生、老师，一旦发现学生有心理异常情况需及时向学校心理健康中心汇报。反馈制和汇报制并行，相辅相成。为了更好地做到分工明确、责任到人，可在每个班级设置一名心理委员，每个宿舍设置一名心理信息员，对心理委员和信息员进行心理学知识培训，由他们随时了解全班同学心理健康状况。同时，辅导员、班主任等高校教职工，要树立心理健康教育意识，积极主动地学习心理学知识，以便及时发现学生的异常心理，也可更恰当地处理这些异常心理问题。最后一步是要完善心理危机产生后的跟踪工作，对于曾经出现过心理危机的学生，应由专业机构出具心理疾病康复证明才可安排其恢复学习生活。在此之后，仍要密切关注其心理变化情况，帮助该生建立起社会支持系统，引导同学与其和睦相处，制定可能在此发生心理危机的防备方案，以备在第一时间采取有效措施。

其次，可以借助发达的网络技术建立大学生心理危机动态预警系统。当今时代，大学生在学习之余，会在网络上投入大量的时间进行娱乐、交流和购物等，在此过程中，会在网络上留下各种反映其心理状况的资料，可以以此为依据，对大学生个体心理情况进行分析。根据现代网络架构，可采取两种方式进行资料收集：其一，一些上网产生的数据会存储于互联网公司数据库内部，如百度、腾讯等，高校可与这些公司合作，请他们将收集到的信息反馈给高校；其二，各高校目前的网络架构都是通过校园网到学校出口之后接入互联网中的，可以在出口端获取到大学生的上网资料，并对大学生QQ、微信、微博、百度贴吧、校内论坛等应用进行监控，获取相关资料，以此为依据改进心理档案和心理危机模型。这种收集和分析资料的方式也能够提供自动预警机制，可根据心理学对各种心理危机构建模型，并与电脑中的标准模型进行对比，结合模型匹配度进行报警。如我们设立的心理危机模型是个体在某个时间段内不断搜集杀人或自杀资料，交流自杀心得、厌世、发布遗嘱等，在收集和分析这些资料的过程中，动态预警系统一旦发现"自杀"等字眼频繁出现，就会对个体行为进一步分析，并构建模型。此模型如果跟设立的标准自杀心理模型匹配度较高，则会向心理危机咨询室、心理危机干预系统等发出报警，提醒工作人员及时跟进，看是否需要采取干预措施[139]。需要注意的是，在收集这些信息的过程中，不可避免会涉及学生的一些隐私，这就要求要做好这些信息的保存和使用。

二、制定心理危机紧急处理预案

心理危机的预警和干预是极端心理危机事件预防工作必不可少的措施，但极端心理危机事件具有潜在性、突发性，目前还没有一套体系能够完全阻止极端心理危机的爆发。当大学生心理危机激化，正在准备或即将采取极端行为时，情况是非常危急而复杂的，必须提前制定并完善极端心理危机事件紧急处理预案，以期最大程度降低学生可能对自己、对他人造成的伤害，最大程度降低由此带来的恶劣影响。

首先，根据极端心理危机事件可能发生的情况制定多种快速反应机制，要保证有相关人员第一时间采取干预和救助措施，使事件能够得到有效制止或妥善处理。当发现学生企图或正在进行自伤、自杀、伤害他人等极端行为时，学校分管领导和相关学生工作人员应立即赶赴现场，并及时通知相关部门（校保卫处、校医院等），将受伤学生立即送医院治疗，对意图伤害他人的学生进行及时有效的控制，防止其伤人或自伤。

其次，由专业人员（心理健康教育中心专职人员或校外精神卫生机构医生）进行心理危机评估和心理问题的鉴别，并及时进行心理危机干预，例如，进行自杀干预的有效方法有焦点解决短期心理治疗、认知行为治疗、辩证行为治疗等。如果发现学生有严重心理障碍或心理疾病，超出了学校的能力范畴，须将其及时转介到精神卫生机构采取治疗措施，并立即与学生家长取得联系，将情况向家长说明并对学生做休学处理；在与家长进行安全责任移交前，应成立以学生所在院系分管领导为主要负责人的不少于6人的监护小组，在保障自身安全的情况下对该生进行全天候监护。对于心理危机程度较高但仍能在校坚持继续学业并接受治疗的学生，应与其家长签订书面安全协议，由其家长进行陪护，学校成立监护小组对其长期监护。

再次，对学校里可能会引发或加重个体心理危机状况的人、事、物或环境等刺激物，应协调有关部门及时进行阻断，减轻或消除其对个体产生的不良刺激，对于个体在极端心理危机状态下可能会攻击的对象，应采取保护或临时回避的措施。另外，在事件紧急处理过程中，相关工作人员要注意做好资料的收集与保护工作，主要包括干预记录、电话录音、谈话录音、照片、视频等，平时要注意熟悉有关法律知识，提高在危机事件中保留相关证据的意识。

三、科学应用心理危机预警机制

在构建心理危机预警机制之后，应当启动心理危机评估机制，以系统筛查出的心理危机高发群体信息为依据，组织力量对这部分大学生进行心理评估，综合考虑学生的生活、学习等方面情况，确定预警对象。应以筛查标准为依据，筛选出存在严重心理问题的学生，心理咨询师主动向这部分学生发出邀约信，邀请他们进行心理咨询面谈，评估其心理问题情况[140]。

在此过程中需要明确的是，对大学生有无心理危机的判断工作需十分谨慎，不容一丝轻率，不能仅仅根据一次预警或测试就下结论，而是要反复论证，结合多方面分析结果认定。此过程需要保护学生隐私。

预警信息评估至关重要，大学生的心理危机症状较为复杂，影响因素也不尽相同。因此，在应用积极心理学进行干预之前，需要做好评估工作，主要评估标准如下：（1）情绪变化。当事人出现高度紧张和焦虑的情绪，开始对自己产生厌烦，无缘无故发脾气，悲观抑郁，失望情绪较大，自卑心理严重，等等。不良的情绪体验往往会引发此类型心理危机，如悲观失望、焦躁不安、自闭、交流障碍、无故哭泣等。（2）学习变化。当事人表现出无法集中精力、缺乏学习兴趣、失眠等，经常迟到早退、旷课，无法专心听讲。（3）行为变化。饮食、睡眠反常，不注意个人卫生，性格孤僻内向，丧失正常交往能力，常常独来独往，不参加集体活动，处理问题方式偏激，存在攻击性，失恋反应激烈，等等。（4）躯体变化。失眠头晕、食欲不振、目光呆滞、身体残疾等。（5）家庭变化。家庭条件差、父母离异、缺少家庭关爱等。（6）自杀意图。与别人谈论过自杀的话题，留下过遗言遗嘱，有的甚至试图采取自杀手段[141]。

第五节

构建基于大数据范式的大学生极端心理危机干预机制

随着迅捷便利、功能各异的互联网媒介产品的运用、普及和发展，"大数据"时代已经悄然而至。"大数据"与每个人的生活相融合，并深刻影响、改变、重塑着人们的生活、思想和行为方式。在"小数据"世界中，人们关注的是现象背后的因果关系，试图通过有限的样本数据来剖析事物内在机理和规律。与此截然不同的是，"大数据"时代人们利用数据挖掘技术，探索隐秘在海量庞大数据背后的真实逻辑关系。在心理学领域，"大数据"背景下的大学生极端心理危机预警和干预策略研究是目前的新动向，也是今后的主要趋势。面对大学生极端心理危机干预的"碎片化"困境，构建基于"大数据"范式的大学生极端心理危机防范机制，系统地建构一套涵盖信息搜集、危机评估、心理干预和后期观察等全过程的心理危机防范体系，对于指导大学生心理健康教育工作，及时发现和缓解大学生心理问题具有现实意义[142]。

一、以全方位信息搜集为基础

传统的大学生心理危机防范识别具有偶然性、迟滞性，学生的心理问题在发展到一定程度并产生明显异常行为时才有可能被纳入识别范围。在"互联网＋"时代，随着信息化校园的普及，特别是移动互联网的革命性应用，可以说生活在大学校园里的每个学生每天都在产生各种各样的数据。可通过图书借阅信息，挖掘学生兴趣爱好；通过数据库检索，记录发现学生学术专长；通过微信、微博的内容发布、留言、互粉等常态化行为，分析学生人际关系、择友偏好、人际交往能力，乃至情绪波动和变化等信息。甚至可以通过分析两个人在一段时间内空间分布的一致性来判定两人关系的亲疏远近。与传统的心理咨询不同，大数据思维克服了信息分散度高、隐蔽性强、获取性差的缺陷。借助于移动互联网设备和校园信息化公共设施，高校可以在短时间内采集大量的学生信息。而且，这些信息的采集对学生来说几乎是"无感"的，避免了因学生抵触数据获取而采取"作弊"的可能性[143]。

二、以系统化危机评估为支撑

评估机制系统化是指在评估学生心理数据时，不同信息之间可以相互验证，系统根据定义的规则自动甄别、筛选出潜在的心理危机易发人群。研究人类积极心理品质、倡导积极心理取向的积极心理学基本理论认为，通过构建心理危机评估预警系统，将高校心理健康教育工作重心前移，积极预防心理问题，长期跟踪评估心理健康状况，及时干预心理危机于萌芽时期，是维护大学生身心健康的有效手段。科学的心理健康评估、预警机制是大学生心理危机防范工作的事实性依据。在大数据思维下，大学生心理危机评估具有评估对象普遍化、评估内容全面化、评估机制系统化的特点。基于大数据的大学生心理危机评估在评估范围上囊括所有在校生，通过数据分析技术，在计算机的自动处理下，可以快捷、准确、批量化地筛选出有心理问题的学生。在心理咨询中，通常咨询师可以获取和可利用的心理评估指标是有限的，心理危机评估的难度也相应加大；而通过多种途径采集到的大学生心理健康数据是多维度的，从日常生活到兴趣爱好，从学习学术到聊天交友，学生的言谈举止等各方面信息都是心理危机评估的重要内容。

三、以精准化积极干预为手段

大学生心理危机产生的原因具有多源性，但从总体上可分为个人因素和环境因素两方面。多数大学生的心理危机问题是由于自身问题或对自身认知不足而诱发的。个人因素的具体表现形式有：因生活和学习环境变化引发的心理冲突、因学业压力增加而产生焦虑的心理问题、因人际关系处理不当而导致的自身人格障碍即个人情绪波动、因恋爱产生的情绪困扰等[144]。来自社会、学校及家庭等环境因素的深刻影响，是诱发大学生心理健康问题和心理危机产生的外在原因。大学生心理危机最终的产生是个人因素和环境因素共同作用的结果。在确定了潜在的心理危机易发人群后，需要采取积极措施进行心理疏导和心理干预。大学生心理危机干预要分析具体的影响因素，绝不能将个人因素和环境因素割裂开来。然而，我国多数高校的心理健康教育机制着眼于整体教育，面对心理危机成因多样化、迫切需要个性化危机心理干预的大学生，其所能发挥的作用和效果显然是有限的。因此，利用"大数据"技术，通过对学生日常行为和心理数据的挖掘式分析，进一步确定引起大学生心理失衡的内部潜意识因素和外部干扰因素，针对个性化问题制定具体的心理干预策略，进行精准干预，有效疏导学生心理问题成为必然。

四、以立体化持续反馈为保障

完整的大学生心理防范机制是闭合式的，从心理信息数据采集、心理危机评估、心理危机干预，到干预后的观察反馈，以确保学生心理危机的消除，避免"二次心理危机"的产生。有心理问题的学生需要进行疏导、干预，在此过程中需要进行评估，并根据评估结果及时调整干预方案；在干预后，应利用学生行为和心理的"大数据"信息对当事人进行持续性的观察、追踪、监控和反馈，在必要时再次进行心理疏导或干预。预后观察、追踪、监控和反馈应该是持续性的、立体化的，持续的时间应视学生的具体情况而定。观察、追踪、监控的内容既要考虑学生干预前心理问题，又要兼顾个体的综合数据，进行立体化、无盲区的学生心理系统扫描，做到早发现、早预防、早疏导、早见效。

大学生极端心理危机协同
干预体系构建

第五章

第一节
协同论的含义与必要性

一、协同理论的内涵

1. 协同理论的发展过程

所谓"协同"，指两个或者两个以上不同资源或者个体实现共同目标的过程或能力。协同形成拉动效应，使事物多方获益、整体加强，它随着人类社会的出现而出现，也随着人类社会的发展而发展。西南大学研究员陈英认为协同从概念上来看并不是新鲜事物，在原始社会的生产生活过程中就存在着分工与合作；在工业化大生产时期，这种关系变得更为明显；在后工业时代，协同的内涵更加丰富和多元，包括人与人、人与系统、人与自然、科技与传统之间等全方位的协同[150]。

协同思想的发展历史悠久，但系统的协同理论则形成于 20 世纪 70 年代。联邦德国斯图加特大学教授、著名理论物理学家赫尔曼·哈肯提出了"协同学"概念，并于 1976 年发表了《协同学导论》，之后"协同学"逐渐形成和发展成一门新兴学科，成为系统论的重要分支[151]。"协同学"是"一门在普遍规律支配下的有序的、自组织的集体行为的科学，目标是在各类科学领域中确定系统自组织赖以进行的自然规律"[152]。因而这一理论被广泛应用于众多学科领域中，涉及数学、医学、生态、化学、工程、经济、物理等众多领域，且认为客观世界是由各种各样的系统构成的，各种系统具有相似性，通过类比可以对无序的现象建立一套数学模型和处理方案，并推而广之。

2. "协同论"的性质

"协同论"认为，事物是千差万别的，因而系统也是多种多样的，虽然系统的属性多样，但在整个环境中，各个系统间存在着相互影响而又相互联系的关系。其中也包括通常的社会现象，比如企业之间的相互竞争、不同的单位之间的相互协作与配合、相同单位的部门之间关系的协调，以及系统中的相互制约与干扰等。协同论认为，任何复杂系统，如果受到来自外在能量的作用，或者系统内物质的聚集态达到一定的临界值的时候，系统内的子系统之间就可能产生协同作用。但协同效应能否在系统内发挥，取决于两个因素：一是系统内部各子系统能否发挥协同作用，二是子系统内组成要素能否发挥协同作用。如果两个方面都协同得好，系统的整体性功能就能充分发挥，就能实现整体功能大于部分功能之和的效果[151]。

二、协同理论的必要性

在大学生思想政治教育中引入"协同学"理论具有一定的可行性和必要性。大学生思想政治教育中各子系统间的协同合作非常必要。"协同学"是研究系统从无序到有序演变的理论，协同学的理论要点和精神实质对进一步加强和改进大学生思想政治教育具有重要启示作用。在大学生思想政治教育中引入协同学理论，有利于创新思想政治教育工作方法，有利于拓展思想政治教育理论研究的视野，具有重要现实指导意义[152]。

1. 做好大学生思想政治教育工作的客观需要

协同是做好大学生思想政治教育工作的客观要求。大学生思想政治教育是一个完整的系统，而系统只有作为一个整体才能发挥其应有的功能[153]。大学生思想政治教育是高校人才培养体系中的重要一环，其教育工作是由若干子系统及子系统多个层次的要素组成的一个大系统。这个系统又是一个开放的系统，这要求我们运用好现代系统科学的成果，尤其是"协同学"的相关理论，促进其系统内部各要素及其子系统的协同性，进而更好地促进大学生思想政治教育工作效率的提高[154]。

大学生思想政治教育作为一个大的整体的系统，其中也包含许多子系统。这些子系统包括教育主体（教育者）、教育介体（目的、内容、形式和方法等）、教育客体（受教育者）和教育环体（教育环境）等，它们是大学生思想政治教育的构成要素。"协同学"理论认为，系统内部各子系统的协调一致程度决定系统能否发挥出最佳的协同效应，如果各子系统能协同合作到位，系统的整体效能就能得到最大程度的体现。大学生思想政治教育也是如此，如果大学生思想政治教育工作系统内部的教育者、受教育者、内容、形式、方法、目的、环境等各子系统能够步调一致、目标一致，就能产生整体效能大于部分效能之和的协同效应。反之，如果大学生思想政治教育工作系统内部的各子系统不能产生合力，甚至相互冲突，各子系统原有的功能就不能充分发挥，从而必然会导致整个系统处于效率低下的状态。目前教育环体和其他因素的协同效果不佳，"难以实现课堂教学、日常管理、后勤服务、校园文化等方面的'协同性'教育"[155]。除此之外，协同理论引入可以有效预防大学生思想政治教育工作系统内部由于队伍不同、具体工作内容不同而导致的相互脱节现象[152]。

2. "三全育人"意识逐步完善与发展的需要

协同理论可以促进"三全育人"工作的完善与发展。通过现有研究发现，目前对学生思想政治教育和心理健康教育的认识仍然存在一定的偏见，部分育人工作者仍然认为学生的思想政治教育和心理健康教育是思想政治和心理健康课程教师的职责。"三全育人"意识的缺失，直接反映在许多高校思想政治工作的具体落实上，部分高校在教育教学、管理、后勤服务等环节中落实不到位，配置不合理[155]。目前在我国高校中，主要是由思政部、思想政治教育教师和各党团支部领导等负责学生的思想政治教育工作。有研究者认为在这些部门中，有些高校思政部门存在与其他部门分离的倾向，思想政治教师在开展各项具体教育教学工作中无法实现与思政部的及时沟通和交流[156]。这一现象也影响了"三全育人"的育人实效性，因此十分有必要将协同理论纳入高校的工作中，促使高校按照人才培养要求和思想政治教育规律进行有效的分配，促进高校思想政治教育工作资源的有效整合，从而实现课堂教学、日常管理、后勤服务、校园文化等方面的"协同性"教育，打造学校思想政治工作的全员参与、整体建设的大思想政治教育格局。

3. 高校思想政治教育规范化、程序化和科学化的需要

当前高校本科生以 95 后、00 后的大学生为主体，他们的成长背景与生活环境发生了重大变化，因此，新一代大学生在思想观念、行为方式等方面相比于上一代大学生也发生了巨大的改变，这迫切要求高校教师必须立足现实，把握大学生的思想现状，分析当前大学生思想政治教育存在的问题及其成因。郑吉春主张将"协同创新"的教育理念引入大学生思想政治教育研究中，从而实现思想工作机制的创新与发展，引领大学生思想政治教育工作走上规范化、程序化和科学化[157]。西南大学研究员陈英将对研究生的协同管理纳入高校思想政治教育中，她认为对于高校研究生来说，思想政治教育同样是一个繁杂的系统。在研究生的思想政治教育中，工作主体包括研究生导师、政工干部、学校和社会等多个要素，工作内容则包括思想品德教育、身心健康教育、法制教育、信念教育等。任何一个主体处于独立封闭状态，相互之间不能实现共享，都将会严重影响研究生思想政治教育的有效开展[150]。

三、协同论下大学生极端心理的干预机制构建

大学生是极端心理危机的高发群体，预防大学生极端心理危机事件的发生需要建立强有力的社会支持系统。将"协同论"引入大学生极端心理危机的预防符合这一客观要求，可以充分发挥协同育人的实效性，调动更多的力量来共同参与大学生极端心理危机的干预，有效降低极端心理危机事件的发生概率。在大学生心理健康教育协同支持系统中，要充分发挥政府、学校、家庭和社会四大支持系统的主体协同、多元协同和动态协同[158]。

1. 发挥支持系统的主体协同

大学生心理健康教育协同支持系统的主体主要来自政府、学校、家庭和社会 4 个方面。政府在主体协同中起到了宏观引导的作用，引领着大学生心理健康教育的方向；学校作为主体协同的直接主力，是进行大学生心理健康教育的主阵地；家庭在主体协同中则发挥着基础育人的作

用，家庭氛围、学生的家庭成长环境，是大学生心理健康教育的重要因素；社会则发挥协助帮扶的作用，社会是学生成长生活的归宿，一切社会因素都会给大学生的心理健康发展带来影响。

（1）政府的宏观引导功能

大学生心理健康教育需要政府的协同配合，政府应充分发挥宏观引导的作用。应逐步完善相关政策体系，为实现大学生心理健康教育的有效发展提供制度保障；加强心理健康教育队伍的专业化建设，确保高校大学生心理健康教育工作者的数量和质量；确保足够的相关资金投入，政府部门要建立高校心理健康教育的标准化资助体系，设立大学生心理健康教育专项资金；同时，政府也要带头呼吁引导相关社会力量，共同促进支持主体的多元化。

（2）高校的主体育人功能

高校作为大学生心理健康教育的主阵地，要充分发挥直接主力作用。应建立完备的极端心理危机事件的干预防控机制。在教育内容上，辅导员及相关的心理健康教育老师要加强大学生心理健康教育的力度，普及大学生心理健康的基本知识，及时消除不良心理因素的误导；在教育方法上，学校可以通过开展各种相关的活动，如心理宣传、心理知识竞赛、心理文化艺术节等，来调动学生的积极性，营造浓厚的心理育人校园氛围，使学生更理性、科学地看待心理健康问题；在教育途径上，学校应充分利用教学资源，构建校、院、班三级心理预防机制，依托学校心理咨询中心、学院辅导员、班级心理委员、朋辈辅导等多方力量来开展大学生的心理危机预防。

（3）家庭的基础育人功能

家庭在教育过程中一直发挥着基础性育人的作用。家庭是学生良好心理健康状态的重要支持系统，家长要加强与子女的交流沟通。大学生虽然多数已经成年并离开了父母独立生活，但家庭对他们学习和生活状况的影响依然很大。父母要为孩子营造一个和谐融洽的家庭氛围，不仅关注孩子的学业成绩，更要关心其在校的思想与心理等情况。应主动与孩子沟通交流，建立良好有效的沟通模式，及时把握情况，一旦孩子心理出现危机，父母可以成为其强有力的支持系统，让他们感到亲情的温暖，鼓励和帮助他们走出困境。同时，家庭中父母的性格和关系结构对子女的影响也非常深远，原生家庭的影响是许多大学生心理健康问题的直接诱发因素。

（4）社会的协助帮扶功能

良好的社会支持系统对个体健康心理素质的形成具有重要影响[159]。现有研究者普遍认为社会支持系统是一个既包含环境因素，又包含个体内在认知因素，直接反映个体与他人之间相互作用的多维度的概念。社会支持系统是指向特殊群体和其他有需要的群体并提供社会支持的部门、团体、单位或个人及其相互联系的系统总和。人是在相互需要、相互帮助和相互支持中得以生存和获得发展的。对于有特殊需要的大学生来说，来自社会的支持则显得尤为重要。现有研究表明，良好的社会支持系统更有利于大学生的身心健康发展[160]。

2. 发挥支持系统的多元协同

（1）学校、政府对学生学业、就业的多元主体协同

大学生心理健康教育需要充分发挥学校和政府的多元协同作用。现有研究发现，就业问题是引起大学生心理问题的重要因素。在学校方面，学校要优化课程体系、提升课堂教学质量、营造良好的学习环境，大力改革课程体系，结合新时代大学生学习的特点，注重课堂教学与社会实践相结合，加强对学生职业生涯规划的指导，开展对学生职业生涯规划的教育活动。政府要针对大学生的特点实行相应的就业优惠政策，增加对大学生创新创业项目的资金支持。有研究发现，通过发挥政府和学校的协同作用，在一定程度上可以降低大学生极端心理问题发生的概率[161]。比如由于受疫情影响，2020年就业压力较大，应届毕业生的就业状况更是不容乐观，但是政府及时出台了相应的就业政策，如开发公益性岗位、扩大基层就业机会、进行研究生扩招等，这些政策的出台很大程度上减轻了大学生的心理压力。

（2）学校、社会对学生人际和情感的多元主体协同

学校和社会是大学生人际交往的重要场所，这些良好的人际交往经验可以为学生提供重要的情感支撑。通过相关研究发现，人际关系的好

坏也是影响学生极端心理问题的重要因素。高校方面，大学生在成长的不同阶段都需要进行人际交往，因此学校在充分发挥知识传授功能的同时，也应该提供良好的社交环境，组织开展丰富的校园文化活动，使学生在参与活动的过程中，培养与人合作的精神、与人沟通的能力。辅导员在日常学习生活中，要多关心"不善言辞"的学生，鼓励他们多与他人进行沟通；在学生事务管理过程中，应注重学生的室友关系、同学关系，及时调解寝室矛盾和摩擦，排除人际交往障碍。社会方面，应该净化网络环境，减少不良网络社交环境对大学生的影响，比如在恋爱观、交友观等方面给予学生积极、正向的引导，避免因为情感挫折而导致的极端心理危机出现。

（3）政府、家庭对学生经济支持的多元主体协同

家庭的经济支持是大多数学生生活学习的主要经济来源。相关研究表明，目前除了少数学生可以通过兼职的方式获得额外收入外，我国多数大学生的经济来源主要还是依赖于家庭。经济压力也是造成大学生产生极端心理问题的重要因素。高校可以通过提供勤工助学岗位、办理助学贷款、减免学费、开通绿色通道等方式加大对贫困生的帮扶，同时通过树立典型，加强励志典型事迹的宣传，从而使贫困生产生积极的心理暗示。辅导员老师也要通过各种途径鼓励贫困生参与到其擅长的活动中，使其在活动中找到更多的自信。政府可以增设相关的助学基金，建立社会帮扶机制，帮助贫困生顺利完成学业。

3. 发挥支持系统的动态协同

不同年龄、不同年级的学生对社会支持系统的需求也存在差异。不同阶段学生的学习和成长需要一个动态的支持系统[161]。高校可以根据不同年级学生的生活和学习特点开展相应的教学实践活动，要贴合不同专业学生的专业兴趣。对于低年级学生，专业教师和辅导员应给予更多的情感关注，关注他们对于学习和生活的适应性问题；对于高年级学生则更应侧重于职业规划和正确择业观的形成。家长可以根据个人经验为大学生的发展提供良好的生活经验和合理化的建议；学校也可以加强与社会企业的合作，为本校学生争取更多实习锻炼及就业的机会，从而缓解

就业压力造成的大学生极端心理危机。同时应加强家校联合，及时发现和化解学生可能出现的极端心理危机。

第二节
高校思想政治教育与心理健康教育协同路径研究

协同理论对高校思想政治教育和心理健康教育发展起着重要的指导作用。高校培育的人才，除了需要具备较高的科学文化素质和健康的身心素质外，也需要具备良好的思想道德素质，后者决定着青年学生的发展方向，对人的整体素质发展提升起到了激励和促进作用[151]。

一、大学生思想政治教育与心理健康教育的内在联系

1. 二者的性质相似

两者的性质都属于意识形态范畴的教育，意识形态的内容构成了思想政治教育和心理健康教育的共同主体。意识是一个宏观概念，其包含的内容很广泛，既涵盖我们通常所说的感性认识和理性认识，同时也囊括了人的思维、情感、意志等。大学生思想政治教育是认识的理性阶段，而心理健康教育则属于认识的感性阶段[162]。高校思想政治教育和心理健康教育的根本目标是确保学生的全面发展。吴巧巧认为思想政治教育和心理健康教育两者同属于意识领域，分属于理性认识和感性认识阶段，而两者的目标均是在认识层面对大学生进行积极的影响，并通过个体的行为表现出来[163]。

2. 二者的培养目标一致

提高学生素质、促进学生全面发展、培养大学生的综合素质是两者的共同目标。大学生思想政治教育主要解决的是大学生政治觉悟、政治立场和政治奋斗目标的问题，它以理想信念教育和品德意志教育为主要

内容，引导大学生志存高远、遵纪守法、讲公德、讲美德、坚定共产主义信念，鼓励大学生将自身的知识、特长、能力和理想与实现中国梦的中华民族伟大复兴的社会主义建设共同理想相结合[162]。两者的教育目标具有协同性，虽然分别从思想方面和心理方面关注大学生的成长教育，但两者最终都能够达成协同、有序发展，其教育目标都是帮助大学生渡过不稳定的心理定型期和价值成熟期，为其提供具有理论支撑的专业性辅导，帮助大学生全面成才[164]。大学生心理健康教育解决的是大学生自我心理调节的问题，这种心理调节的基础是充分认识自我和认识世界，而符合自身实际的理想、良好的心态是大学生自我心理调节的前提。心理健康教育使大学生明白，与他人和谐相处也是优秀品德的体现[162]。

3. 二者的教育方法互补

两者的教育方法具有协同性，两大学科均是以课堂教学为主要信息输出渠道，以双课融合教学为前提。思想政治教育的社会调查等方法与心理教育的讲座、心理游戏等方法相互借鉴，思想政治理论的深刻性与心理实例的技巧性可以互补[164]。思想政治教育历来受到党和高校的高度重视，经过多年的发展，已形成了较为完备的教育体系，但在教育开展形式上尚不够丰富。心理健康教育作为后兴起的事物，教育体系正处于亟待完善的状态，但已形成了团体辅导、心理咨询、沙盘等较为丰富的活动形式。因此，教育方法上两者可以融合，可将心理学丰富多彩的活动形式移植、应用于思想政治教育，同时利用心理学的研究成果指引、提升思想政治教育的针对性和实效性。心理健康教育可搭乘思想政治教育的快车，借鉴其分专题开展研究和以研促教的发展模式，实现教育体系的快速发展和完善[165]。

4. 二者教育队伍相通

高校心理健康教育与思想政治教育师资队伍的融合存有诸多有利条件[165]。专业思政课任课教师和负责学生日常工作的辅导员等人是相通的，专业教师具备较高的专业知识技能和道德素养，而辅导员等人能够较深入地了解学生的思想动态[164]。心理健康及思想政治教育工作者身份本质上的相通性在一定程度上促进了师资融合中的角色转换和定位。各高校在招聘思想政治教育辅导员时越来越注重对其心理技能掌握情况的考察，因而形成了思想政治教育工作者中具有心理学背景或心理咨询师资质的教师越来越多的格局，为思想政治教育工作者心理技能的专业化发展奠定了基础[165]。

总体来看，高校思想政治教育和心理健康教育无论是教育性质、教育目标、教育方法还是师资队伍，都存在很多的一致性和共同点，这些为我们进一步进行两者的协同研究奠定了基础。但是，也要注意两者之间的一些差异性，比如两者在理论基础、解决问题层面、内容侧重点方面的区别[166]。只有正确把握二者之间的联系和区别，才能最大限度地发挥二者协同育人的实效。

二、大学生思想政治教育与心理健康教育结合的必要性

1. 大学生身心健康发展的需要

大学生身心发展的特点需要高校进行思想政治教育与心理健康教育的结合，从而能更好地关注大学生个体的差异性。高校思想政治教育和心理健康教育协同发展进一步丰富了高校思想政治教育的内涵[163]。心理活动与思想动态为协同教育提供理论基础，心理活动是思想变动的前提，思想又是心理活动的根源，两者密切相关。协同教育适时观测学生的心理变化，不仅能及时发现学生的心理问题，还能及时预防学生偏离正确的价值观，从根源上杜绝学生的思想和心理问题[164]。

2. 高校人才培养的需要

高校应通过优化人才培养模式，来减少学生极端危机心理的出现频率。在思政教育中，教师需要结合一定的教育理念来提升学生的协调创新以促进学生的发展，通过思政教育、心理健康等综合素质的提升，来逐步带动科技文化、创新能力、实践模式能力的提升；通过分析综合素质的有效提升发展，从整体上提升人才在思政理念上的综合模式建设。应按照思政教育的目标内容，引导学生树立健康的价值观、人生观、思想观；不断提高学生思政教育综合政治标准，促进学生的全面健康发展，

满足心理健康的教育目标，提升学生心理理念，增强学生的心理健康意识建设，提高心理调节能力，及时预防和化解各类心理危机问题；依照学生的心理素质水平建设标准，不断提高高校人才的综合素质水平，培养良好思想政治教育创新精神实践模式，获取有效的理念、文化、纪律，提升高层次人才培养的水平；也可以依照不同类型的人才培养目标差异教育式，来分析综合素质培养标准[167]。

三、大学生思想政治教育与心理健康教育协同的实施路径

1. 高校思想政治教育和心理健康教育理念的协同

教育理念的有效转变是促进高校思想政治教育和心理健康教育有效协同的必然要求[168]。心理健康教育正是与学生生活、学习实际接地气的一门学科，在高校思想政治教育中融入心理健康方面的知识，是有利无害的选择。根据数据分析结果及查阅的文献资料，应在心理健康教育中适当地融入情绪掌控与压力应对教育、良好人格养成教育及珍爱生命教育。开展大学生生命教育，能帮助大学生了解生命的本质，理解生命的宝贵和意义，并使其学会珍惜生命，采取积极的生活态度，创造人生价值。大学教育工作者首先要树立生命教育观念，开设独立生命教育课程，让学生有机会学习生活教育的内容；其次要开展丰富多彩的校园文化活动和社会实践，培养学生的生命意识和生活情感；再者，营造和谐的校园氛围，感受生活的美好，让学生以更加饱满的精神、更加愉快的心情去学习和生活，创造生命的价值[169]。

2. 高校思想政治教育和心理健康教育师资力量的协同

高校心理健康教育和思想政治教育各个子系统的师资在育人过程中应相互协作。思想政治教育教师具有担负学生心理健康教育的职责，但思想政治教育毕竟有别于心理健康教育，所以该系统的很多教职工都缺乏心理健康教育方面的专业知识。因此，应着重对思想政治教育子系统的教职工进行心理健康教育及相关的心理学知识的培训，保证其具备心理健康教育所必须的相关知识与理论基础。当然，心理健康教育子系统

的教师和职工也应具备相应的政治、道德素质和理论修养[168]。教育部颁发的《普通高等学校辅导员队伍建设规定》中对高校辅导员职责的规定是"辅导员是开展大学生思想政治教育的组织者、实施者和指导者。辅导员应当努力成为大学生的人生导师和健康成长的知心朋友"。由此可见，辅导员不但要承担大学生思想政治教育的任务，还要承担起大学生健康成长的职责。在高校中，共同处在学生工作第一线的还有班主任等政工管理人员。因此，辅导员、班主任等政工人员应承担起大学生的思想政治教育和心理健康教育的双重职责。

3. 高校思想政治教育和心理健康教育管理模式的协同

（1）加强高校教育师资的整合管理

现有研究表明，目前高校中普遍存在的现实状况是思想政治理论授课教师、大学生思想政治辅导员及团委、学生处等行政工作人员仍是思想政治教育工作的主体；专业的心理学教师、心理咨询师、心理健康教育中心工作人员、医务人员、思想政治辅导员是大学生心理健康教育的实施主体。可见，高校思想政治辅导员成为两支队伍的交叉部分，担负着对大学生进行思想政治教育和心理健康教育的双重使命。这不仅要求教育工作者端正政治理想，坚定意志信念，树立正确的道德准则，同时还要具备包括语言表达能力、洞察能力、谈话能力在内的综合素质能力。只有这样才能够及时准确地把握学生的思想和心理动态。

（2）开展个性化的教育管理模式

因材施教和个性化教育、指导是教育工作者根据学生特点开展思想政治教育和心理健康教育工作，鼓励学生敢于面对心理问题，发现根源，从而健康成长的应有的工作方法。应通过不断地潜移默化，让学生自身意识到问题的重要性，积极主动地学习心理调试方法，进行自我调试、自我管理和自我教育，不断提高适应问题和解决问题的能力；针对不同年级和人群特征，利用大学生思想政治教育平台，提高学生的社会主义觉悟，使其将自身发展与国家和社会利益结合起来，树立正确的理想信念，将自身所学与祖国建设相结合，从根源上提升动力；利用心理学知识，引导学生掌握合理宣泄负面情绪的方法，提升克服困难的心理素质[162]。

附录

中华人民共和国精神卫生法

（2012年10月26日第十一届全国人民代表大会常务委员会第二十九次会议通过 2012年10月26日中华人民共和国主席令第六十二号公布 自2013年5月1日起施行；根据2018年4月27日第十三届全国人民代表大会常务委员会第二次会议《全国人民代表大会常务委员会关于修改〈中华人民共和国国境卫生检疫法〉等六部法律的决定》第一次修正)

第一章　总　则

第一条　为了发展精神卫生事业，规范精神卫生服务，维护精神障碍患者的合法权益，制定本法。

第二条　在中华人民共和国境内开展维护和增进公民心理健康、预防和治疗精神障碍、促进精神障碍患者康复的活动，适用本法。

第三条　精神卫生工作实行预防为主的方针，坚持预防、治疗和康复相结合的原则。

第四条　精神障碍患者的人格尊严、人身和财产安全不受侵犯。精神障碍患者的教育、劳动、医疗以及从国家和社会获得物质帮助等方面的合法权益受法律保护。有关单位和个人应当对精神障碍患者的姓名、肖像、住址、工作单位、病历资料以及其他可能推断出其身份的信息予以保密；但是，依法履行职责需要公开的除外。

第五条　全社会应当尊重、理解、关爱精神障碍患者。任何组织或者个人不得歧视、侮辱、虐待精神障碍患者，不得非法限制精神障碍患者的人身自由。新闻报道和文学艺术作品等不得含有歧视、侮辱精神障碍患者的内容。

第六条 精神卫生工作实行政府组织领导、部门各负其责、家庭和单位尽力尽责、全社会共同参与的综合管理机制。

第七条 县级以上人民政府领导精神卫生工作，将其纳入国民经济和社会发展规划，建设和完善精神障碍的预防、治疗和康复服务体系，建立健全精神卫生工作协调机制和工作责任制，对有关部门承担的精神卫生工作进行考核、监督。乡镇人民政府和街道办事处根据本地区的实际情况，组织开展预防精神障碍发生、促进精神障碍患者康复等工作。

第八条 国务院卫生行政部门主管全国的精神卫生工作。县级以上地方人民政府卫生行政部门主管本行政区域的精神卫生工作。县级以上人民政府司法行政、民政、公安、教育、医疗保障等部门在各自职责范围内负责有关的精神卫生工作。

第九条 精神障碍患者的监护人应当履行监护职责，维护精神障碍患者的合法权益。禁止对精神障碍患者实施家庭暴力，禁止遗弃精神障碍患者。

第十条 中国残疾人联合会及其地方组织依照法律、法规或者接受政府委托，动员社会力量，开展精神卫生工作。村民委员会、居民委员会依照本法的规定开展精神卫生工作，并对所在地人民政府开展的精神卫生工作予以协助。国家鼓励和支持工会、共产主义青年团、妇女联合会、红十字会、科学技术协会等团体依法开展精神卫生工作。

第十一条 国家鼓励和支持开展精神卫生专门人才的培养，维护精神卫生工作人员的合法权益，加强精神卫生专业队伍建设。国家鼓励和支持开展精神卫生科学技术研究，发展现代医学、我国传统医学、心理学，提高精神障碍预防、诊断、治疗、康复的科学技术水平。国家鼓励和支持开展精神卫生领域的国际交流与合作。

第十二条 各级人民政府和县级以上人民政府有关部门应当采取措施，鼓励和支持组织、个人提供精神卫生志愿服务，捐助精神卫生事业，兴建精神卫生公益设施。对在精神卫生工作中作出突出贡献的组织、个人，按照国家有关规定给予表彰、奖励。

第二章 心理健康促进和精神障碍预防

第十三条 各级人民政府和县级以上人民政府有关部门应当采取措施，加强心理健康促进和精神障碍预防工作，提高公众心理健康水平。

第十四条 各级人民政府和县级以上人民政府有关部门制定的突发事件应急预案，应当包括心理援助的内容。发生突发事件，履行统一领导职责或者组织处置突发事件的人民政府应当根据突发事件的具体情况，按照应急预案的规定，组织开展心理援助工作。

第十五条 用人单位应当创造有益于职工身心健康的工作环境，关注职工的心理健康；对处于职业发展特定时期或者在特殊岗位工作的职工，应当有针对性地开展心理健康教育。

第十六条 各级各类学校应当对学生进行精神卫生知识教育；配备或者聘请心理健康教育教师、辅导人员，并可以设立心理健康辅导室，对学生进行心理健康教育。学前教育机构应当对幼儿开展符合其特点的心理健康教育。发生自然灾害、意外伤害、公共安全事件等可能影响学生心理健康的事件，学校应当及时组织专业人员对学生进行心理援助。教师应当学习和了解相关的精神卫生知识，关注学生心理健康状况，正确引导、激励学生。地方各级人民政府教育行政部门和学校应当重视教师心理健康。学校和教师应当与学生父母或者其他监护人、近亲属沟通学生心理健康情况。

第十七条 医务人员开展疾病诊疗服务，应当按照诊断标准和治疗规范的要求，对就诊者进行心理健康指导；发现就诊者可能患有精神障碍的，应当建议其到符合本法规定的医疗机构就诊。

第十八条 监狱、看守所、拘留所、强制隔离戒毒所等场所，应当对服刑人员，被依法拘留、逮捕、强制隔离戒毒的人员等，开展精神卫生知识宣传，关注其心理健康状况，必要时提供心理咨询和心理辅导。

第十九条 县级以上地方人民政府人力资源社会保障、教育、卫生、司法行政、公安等部门应当在各自职责范围内分别对本法第十五条至第十八条规定的单位履行精神障碍预防义务的情况进行督促和指导。

第二十条 村民委员会、居民委员会应当协助所在地人民政府及其有关部门开展社区心理健康指导、精神卫生知识宣传教育活动，创建有益于居民身心健康的社区环境。乡镇卫生院或者社区卫生服务机构应当为村民委员会、居民委员会开展社区心理健康指导、精神卫生知识宣传教育活动提供技术指导。

第二十一条 家庭成员之间应当相互关爱，创造良好、和睦的家庭环境，提高精神障碍预防意识；发现家庭成员可能患有精神障碍的，应当帮助其及时就诊，照顾其生活，做好看护管理。

第二十二条 国家鼓励和支持新闻媒体、社会组织开展精神卫生的公益性宣传，普及精神卫生知识，引导公众关注心理健康，预防精神障碍的发生。

第二十三条 心理咨询人员应当提高业务素质，遵守执业规范，为社会公众提供专业化的心理咨询服务。心理咨询人员不得从事心理治疗或者精神障碍的诊断、治疗。心理咨询人员发现接受咨询的人员可能患有精神障碍的，应当建议其到符合本法规定的医疗机构就诊。心理咨询人员应当尊重接受咨询人员的隐私，并为其保守秘密。

第二十四条 国务院卫生行政部门建立精神卫生监测网络，实行严重精神障碍发病报告制度，组织开展精神障碍发生状况、发展趋势等的监测和专题调查工作。精神卫生监测和严重精神障碍发病报告管理办法，由国务院卫生行政部门制定。国务院卫生行政部门应当会同有关部门、组织，建立精神卫生工作信息共享机制，实现信息互联互通、交流共享。

第三章 精神障碍的诊断和治疗

第二十五条 开展精神障碍诊断、治疗活动，应当具备下列条件，并依照医疗机构的管理规定办理有关手续：

（一）有与从事的精神障碍诊断、治疗相适应的精神科执业医师、护士；

（二）有满足开展精神障碍诊断、治疗需要的设施和设备；

（三）有完善的精神障碍诊断、治疗管理制度和质量监控制度。从事精神障碍诊断、治疗的专科医疗机构还应当配备从事心理治疗的人员。

第二十六条 精神障碍的诊断、治疗，应当遵循维护患者合法权益、尊重患者人格尊严的原则，保障患者在现有条件下获得良好的精神卫生服务。精神障碍分类、诊断标准和治疗规范，由国务院卫生行政部门组织制定。

第二十七条 精神障碍的诊断应当以精神健康状况为依据。除法律另有规定外，不得违背本人意志进行确定其是否患有精神障碍的医学检查。

第二十八条 除个人自行到医疗机构进行精神障碍诊断外，疑似精神障碍患者的近亲属可以将其送往医疗机构进行精神障碍诊断。对查找不到近亲属的流浪乞讨疑似精神障碍患者，由当地民政等有关部门按照职责分工，帮助送往医疗机构进行精神障碍诊断。疑似精神障碍患者发生伤害自身、危害他人安全的行为，或者有伤害自身、危害他人安全的危险的，其近亲属、所在单位、当地公安机关应当立即采取措施予以制止，并将其送往医疗机构进行精神障碍诊断。医疗机构接到送诊的疑似精神障碍患者，不得拒绝为其作出诊断。

第二十九条 精神障碍的诊断应当由精神科执业医师作出。医疗机构接到依照本法第二十八条第二款规定送诊的疑似精神障碍患者，应当将其留院，立即指派精神科执业医师进行诊断，并及时出具诊断结论。

第三十条 精神障碍的住院治疗实行自愿原则。诊断结论、病情评估表明，就诊者为严重精神障碍患者并有下列情形之一的，应当对其实施住院治疗：

（一）已经发生伤害自身的行为，或者有伤害自身的危险的；

（二）已经发生危害他人安全的行为，或者有危害他人安全的危险的。

第三十一条 精神障碍患者有本法第三十条第二款第一项情形的，经其监护人同意，医疗机构应当对患者实施住院治疗；监护人不同意的，医疗机构不得对患者实施住院治疗。监护人应当对在家居住的患者做好看护管理。

第三十二条　精神障碍患者有本法第三十条第二款第二项情形，患者或者其监护人对需要住院治疗的诊断结论有异议，不同意对患者实施住院治疗的，可以要求再次诊断和鉴定。依照前款规定要求再次诊断的，应当自收到诊断结论之日起三日内向原医疗机构或者其他具有合法资质的医疗机构提出。承担再次诊断的医疗机构应当在接到再次诊断要求后指派二名初次诊断医师以外的精神科执业医师进行再次诊断，并及时出具再次诊断结论。承担再次诊断的执业医师应当到收治患者的医疗机构面见、询问患者，该医疗机构应当予以配合。对再次诊断结论有异议的，可以自主委托依法取得执业资质的鉴定机构进行精神障碍医学鉴定；医疗机构应当公示经公告的鉴定机构名单和联系方式。接受委托的鉴定机构应当指定本机构具有该鉴定事项执业资格的二名以上鉴定人共同进行鉴定，并及时出具鉴定报告。

第三十三条　鉴定人应当到收治精神障碍患者的医疗机构面见、询问患者，该医疗机构应当予以配合。鉴定人本人或者其近亲属与鉴定事项有利害关系，可能影响其独立、客观、公正进行鉴定的，应当回避。

第三十四条　鉴定机构、鉴定人应当遵守有关法律、法规、规章的规定，尊重科学，恪守职业道德，按照精神障碍鉴定的实施程序、技术方法和操作规范，依法独立进行鉴定，出具客观、公正的鉴定报告。鉴定人应当对鉴定过程进行实时记录并签名。记录的内容应当真实、客观、准确、完整，记录的文本或者声像载体应当妥善保存。

第三十五条　再次诊断结论或者鉴定报告表明，不能确定就诊者为严重精神障碍患者，或者患者不需要住院治疗的，医疗机构不得对其实施住院治疗。再次诊断结论或者鉴定报告表明，精神障碍患者有本法第三十条第二款第二项情形的，其监护人应当同意对患者实施住院治疗。监护人阻碍实施住院治疗或者患者擅自脱离住院治疗的，可以由公安机关协助医疗机构采取措施对患者实施住院治疗。在相关机构出具再次诊断结论、鉴定报告前，收治精神障碍患者的医疗机构应当按照诊疗规范的要求对患者实施住院治疗。

第三十六条 诊断结论表明需要住院治疗的精神障碍患者，本人没有能力办理住院手续的，由其监护人办理住院手续；患者属于查找不到监护人的流浪乞讨人员的，由送诊的有关部门办理住院手续。精神障碍患者有本法第三十条第二款第二项情形，其监护人不办理住院手续的，由患者所在单位、村民委员会或者居民委员会办理住院手续，并由医疗机构在患者病历中予以记录。

第三十七条 医疗机构及其医务人员应当将精神障碍患者在诊断、治疗过程中享有的权利，告知患者或者其监护人。

第三十八条 医疗机构应当配备适宜的设施、设备，保护就诊和住院治疗的精神障碍患者的人身安全，防止其受到伤害，并为住院患者创造尽可能接近正常生活的环境和条件。

第三十九条 医疗机构及其医务人员应当遵循精神障碍诊断标准和治疗规范，制定治疗方案，并向精神障碍患者或者其监护人告知治疗方案和治疗方法、目的以及可能产生的后果。

第四十条 精神障碍患者在医疗机构内发生或者将要发生伤害自身、危害他人安全、扰乱医疗秩序的行为，医疗机构及其医务人员在没有其他可替代措施的情况下，可以实施约束、隔离等保护性医疗措施。实施保护性医疗措施应当遵循诊断标准和治疗规范，并在实施后告知患者的监护人。禁止利用约束、隔离等保护性医疗措施惩罚精神障碍患者。

第四十一条 对精神障碍患者使用药物，应当以诊断和治疗为目的，使用安全、有效的药物，不得为诊断或者治疗以外的目的使用药物。医疗机构不得强迫精神障碍患者从事生产劳动。

第四十二条 禁止对依照本法第三十条第二款规定实施住院治疗的精神障碍患者实施以治疗精神障碍为目的的外科手术。

第四十三条 医疗机构对精神障碍患者实施下列治疗措施，应当向患者或者其监护人告知医疗风险、替代医疗方案等情况，并取得患者的书面同意；无法取得患者意见的，应当取得其监护人的书面同意，并经本医疗机构伦理委员会批准：

（一）导致人体器官丧失功能的外科手术；

（二）与精神障碍治疗有关的实验性临床医疗。实施前款第一项治疗措施，因情况紧急查找不到监护人的，应当取得本医疗机构负责人和伦理委员会批准。禁止对精神障碍患者实施与治疗其精神障碍无关的实验性临床医疗。

第四十四条　自愿住院治疗的精神障碍患者可以随时要求出院，医疗机构应当同意。对有本法第三十条第二款第一项情形的精神障碍患者实施住院治疗的，监护人可以随时要求患者出院，医疗机构应当同意。医疗机构认为前两款规定的精神障碍患者不宜出院的，应当告知不宜出院的理由；患者或者其监护人仍要求出院的，执业医师应当在病历资料中详细记录告知的过程，同时提出出院后的医学建议，患者或者其监护人应当签字确认。对有本法第三十条第二款第二项情形的精神障碍患者实施住院治疗，医疗机构认为患者可以出院的，应当立即告知患者及其监护人。医疗机构应当根据精神障碍患者病情，及时组织精神科执业医师对依照本法第三十条第二款规定实施住院治疗的患者进行检查评估。评估结果表明患者不需要继续住院治疗的，医疗机构应当立即通知患者及其监护人。

第四十五条　精神障碍患者出院，本人没有能力办理出院手续的，监护人应当为其办理出院手续。

第四十六条　医疗机构及其医务人员应当尊重住院精神障碍患者的通讯和会见探访者等权利。除在急性发病期或者为了避免妨碍治疗可以暂时性限制外，不得限制患者的通讯和会见探访者等权利。

第四十七条　医疗机构及其医务人员应当在病历资料中如实记录精神障碍患者的病情、治疗措施、用药情况、实施约束、隔离措施等内容，并如实告知患者或者其监护人。患者及其监护人可以查阅、复制病历资料；但是，患者查阅、复制病历资料可能对其治疗产生不利影响的除外。病历资料保存期限不得少于三十年。

第四十八条　医疗机构不得因就诊者是精神障碍患者，推诿或者拒绝为其治疗属于本医疗机构诊疗范围的其他疾病。

第四十九条　精神障碍患者的监护人应当妥善看护未住院治疗的患者，按照医嘱督促其按时服药、接受随访或者治疗。村民委员会、居民委员会、患者所在单位等应当依患者或者其监护人的请求，对监护人看护患者提供必要的帮助。

第五十条　县级以上地方人民政府卫生行政部门应当定期就下列事项对本行政区域内从事精神障碍诊断、治疗的医疗机构进行检查：

（一）相关人员、设施、设备是否符合本法要求；

（二）诊疗行为是否符合本法以及诊断标准、治疗规范的规定；

（三）对精神障碍患者实施住院治疗的程序是否符合本法规定；

（四）是否依法维护精神障碍患者的合法权益。县级以上地方人民政府卫生行政部门进行前款规定的检查，应当听取精神障碍患者及其监护人的意见；发现存在违反本法行为的，应当立即制止或者责令改正，并依法作出处理。

第五十一条　心理治疗活动应当在医疗机构内开展。专门从事心理治疗的人员不得从事精神障碍的诊断，不得为精神障碍患者开具处方或者提供外科治疗。心理治疗的技术规范由国务院卫生行政部门制定。

第五十二条　监狱、强制隔离戒毒所等场所应当采取措施，保证患有精神障碍的服刑人员、强制隔离戒毒人员等获得治疗。

第五十三条　精神障碍患者违反治安管理处罚法或者触犯刑法的，依照有关法律的规定处理。

第四章　精神障碍的康复

第五十四条　社区康复机构应当为需要康复的精神障碍患者提供场所和条件，对患者进行生活自理能力和社会适应能力等方面的康复训练。

第五十五条　医疗机构应当为在家居住的严重精神障碍患者提供精神科基本药物维持治疗，并为社区康复机构提供有关精神障碍康复的技术指导和支持。社区卫生服务机构、乡镇卫生院、村卫生室应当建立严重精神障碍患者的健康档案，对在家居住的严重精神障碍患者进行定期随访，指导患者服药和开展康复训练，并对患者的监护人进行精神卫生知识和看护知识的培训。县级人民政府卫生行政部门应当为社区卫生服务机构、乡镇卫生院、村卫生室开展上述工作给予指导和培训。

第五十六条　村民委员会、居民委员会应当为生活困难的精神障碍患者家庭提供帮助，并向所在地乡镇人民政府或者街道办事处以及县级人民政府有关部门反映患者及其家庭的情况和要求，帮助其解决实际困难，为患者融入社会创造条件。

第五十七条　残疾人组织或者残疾人康复机构应当根据精神障碍患者康复的需要，组织患者参加康复活动。

第五十八条　用人单位应当根据精神障碍患者的实际情况，安排患者从事力所能及的工作，保障患者享有同等待遇，安排患者参加必要的职业技能培训，提高患者的就业能力，为患者创造适宜的工作环境，对患者在工作中取得的成绩予以鼓励。

第五十九条　精神障碍患者的监护人应当协助患者进行生活自理能力和社会适应能力等方面的康复训练。精神障碍患者的监护人在看护患者过程中需要技术指导的，社区卫生服务机构或者乡镇卫生院、村卫生室、社区康复机构应当提供。

第五章　保障措施

第六十条　县级以上人民政府卫生行政部门会同有关部门依据国民经济和社会发展规划的要求，制定精神卫生工作规划并组织实施。精神卫生监测和专题调查结果应当作为制定精神卫生工作规划的依据。

第六十一条　省、自治区、直辖市人民政府根据本行政区域的实际情况，统筹规划，整合资源，建设和完善精神卫生服务体系，加强精神障碍预防、治疗和康复服务能力建设。县级人民政府根据本行政区域的实际情况，统筹规划，建立精神障碍患者社区康复机构。县级以上地方人民政府应当采取措施，鼓励和支持社会力量举办从事精神障碍诊断、治疗的医疗机构和精神障碍患者康复机构。

第六十二条　各级人民政府应当根据精神卫生工作需要，加大财政投入力度，保障精神卫生工作所需经费，将精神卫生工作经费列入本级财政预算。

第六十三条　国家加强基层精神卫生服务体系建设，扶持贫困地区、边远地区的精神卫生工作，保障城市社区、农村基层精神卫生工作所需经费。

第六十四条　医学院校应当加强精神医学的教学和研究，按照精神卫生工作的实际需要培养精神医学专门人才，为精神卫生工作提供人才保障。

第六十五条　综合性医疗机构应当按照国务院卫生行政部门的规定开设精神科门诊或者心理治疗门诊，提高精神障碍预防、诊断、治疗能力。

第六十六条　医疗机构应当组织医务人员学习精神卫生知识和相关法律、法规、政策。从事精神障碍诊断、治疗、康复的机构应当定期组织医务人员、工作人员进行在岗培训，更新精神卫生知识。县级以上人民政府卫生行政部门应当组织医务人员进行精神卫生知识培训，提高其识别精神障碍的能力。

第六十七条　师范院校应当为学生开设精神卫生课程；医学院校应当为非精神医学专业的学生开设精神卫生课程。县级以上人民政府教育行政部门对教师进行上岗前和在岗培训，应当有精神卫生的内容，并定期组织心理健康教育教师、辅导人员进行专业培训。

第六十八条　县级以上人民政府卫生行政部门应当组织医疗机构为严重精神障碍患者免费提供基本公共卫生服务。精神障碍患者的医疗费用按照国家有关社会保险的规定由基本医疗保险基金支付。医疗保险经办机构应当按照国家有关规定将精神障碍患者纳入城镇职工基本医疗保险、城镇居民基本医疗保险或者新型农村合作医疗的保障范围。县级人民政府应当按照国家有关规定对家庭经济困难的严重精神障碍患者参加基本医疗保险给予资助。医疗保障、财政等部门应当加强协调，简化程序，实现属于基本医疗保险基金支付的医疗费用由医疗机构与医疗保险经办机构直接结算。精神障碍患者通过基本医疗保险支付医疗费用后仍有困难，或者不能通过基本医疗保险支付医疗费用的，医疗保障部门应当优先给予医疗救助。

第六十九条 对符合城乡最低生活保障条件的严重精神障碍患者，民政部门应当会同有关部门及时将其纳入最低生活保障。对属于农村五保供养对象的严重精神障碍患者，以及城市中无劳动能力、无生活来源且无法定赡养、抚养、扶养义务人，或者其法定赡养、抚养、扶养义务人无赡养、抚养、扶养能力的严重精神障碍患者，民政部门应当按照国家有关规定予以供养、救助。前两款规定以外的严重精神障碍患者确有困难的，民政部门可以采取临时救助等措施，帮助其解决生活困难。

第七十条 县级以上地方人民政府及其有关部门应当采取有效措施，保证患有精神障碍的适龄儿童、少年接受义务教育，扶持有劳动能力的精神障碍患者从事力所能及的劳动，并为已经康复的人员提供就业服务。国家对安排精神障碍患者就业的用人单位依法给予税收优惠，并在生产、经营、技术、资金、物资、场地等方面给予扶持。

第七十一条 精神卫生工作人员的人格尊严、人身安全不受侵犯，精神卫生工作人员依法履行职责受法律保护。全社会应当尊重精神卫生工作人员。县级以上人民政府及其有关部门、医疗机构、康复机构应当采取措施，加强对精神卫生工作人员的职业保护，提高精神卫生工作人员的待遇水平，并按照规定给予适当的津贴。精神卫生工作人员因工致伤、致残、死亡的，其工伤待遇以及抚恤按照国家有关规定执行。

第六章　法律责任

第七十二条 县级以上人民政府卫生行政部门和其他有关部门未依照本法规定履行精神卫生工作职责，或者滥用职权、玩忽职守、徇私舞弊的，由本级人民政府或者上一级人民政府有关部门责令改正，通报批评，对直接负责的主管人员和其他直接责任人员依法给予警告、记过或者记大过的处分；造成严重后果的，给予降级、撤职或者开除的处分。

第七十三条 不符合本法规定条件的医疗机构擅自从事精神障碍诊断、治疗的，由县级以上人民政府卫生行政部门责令停止相关诊疗活动，给予警告，并处五千元以上一万元以下罚款，有违法所得的，没收违法所得；对直接负责的主管人员和其他直接责任人员依法给予或者责令给予降低岗位等级或者撤职、开除的处分；对有关医务人员，吊销其执业证书。

第七十四条 医疗机构及其工作人员有下列行为之一的，由县级以上人民政府卫生行政部门责令改正，给予警告；情节严重的，对直接负责的主管人员和其他直接责任人员依法给予或者责令给予降低岗位等级或者撤职、开除的处分，并可以责令有关医务人员暂停一个月以上六个月以下执业活动：

（一）拒绝对送诊的疑似精神障碍患者作出诊断的；

（二）对依照本法第三十条第二款规定实施住院治疗的患者未及时进行检查评估或者未根据评估结果作出处理的。

第七十五条 医疗机构及其工作人员有下列行为之一的，由县级以上人民政府卫生行政部门责令改正，对直接负责的主管人员和其他直接责任人员依法给予或者责令给予降低岗位等级或者撤职的处分；对有关医务人员，暂停六个月以上一年以下执业活动；情节严重的，给予或者责令给予开除的处分，并吊销有关医务人员的执业证书：

（一）违反本法规定实施约束、隔离等保护性医疗措施的；

（二）违反本法规定，强迫精神障碍患者劳动的；

（三）违反本法规定对精神障碍患者实施外科手术或者实验性临床医疗的；

（四）违反本法规定，侵害精神障碍患者的通讯和会见探访者等权利的；

（五）违反精神障碍诊断标准，将非精神障碍患者诊断为精神障碍患者的。

第七十六条 有下列情形之一的，由县级以上人民政府卫生行政部门、工商行政管理部门依据各自职责责令改正，给予警告，并处五千元以上一万元以下罚款，有违法所得的，没收违法所得；造成严重后果的，责令暂停六个月以上一年以下执业活动，直至吊销执业证书或者营业执照：

（一）心理咨询人员从事心理治疗或者精神障碍的诊断、治疗的。

（二）从事心理治疗的人员在医疗机构以外开展心理治疗活动的。

（三）专门从事心理治疗的人员从事精神障碍的诊断的。

（四）专门从事心理治疗的人员为精神障碍患者开具处方或者提供外科治疗的。心理咨询人员、专门从事心理治疗的人员在心理咨询、心理治疗活动中造成他人人身、财产或者其他损害的，依法承担民事责任。

第七十七条　有关单位和个人违反本法第四条第三款规定，给精神障碍患者造成损害的，依法承担赔偿责任；对单位直接负责的主管人员和其他直接责任人员，还应当依法给予处分。

第七十八条　违反本法规定，有下列情形之一，给精神障碍患者或者其他公民造成人身、财产或者其他损害的，依法承担赔偿责任：

（一）将非精神障碍患者故意作为精神障碍患者送入医疗机构治疗的；

（二）精神障碍患者的监护人遗弃患者，或者有不履行监护职责的其他情形的；

（三）歧视、侮辱、虐待精神障碍患者，侵害患者的人格尊严、人身安全的；

（四）非法限制精神障碍患者人身自由的；

（五）其他侵害精神障碍患者合法权益的情形。

第七十九条　医疗机构出具的诊断结论表明精神障碍患者应当住院治疗而其监护人拒绝，致使患者造成他人人身、财产损害的，或者患者有其他造成他人人身、财产损害情形的，其监护人依法承担民事责任。

第八十条　在精神障碍的诊断、治疗、鉴定过程中，寻衅滋事，阻挠有关工作人员依照本法的规定履行职责，扰乱医疗机构、鉴定机构工作秩序的，依法给予治安管理处罚。违反本法规定，有其他构成违反治安管理行为的，依法给予治安管理处罚。

第八十一条 违反本法规定，构成犯罪的，依法追究刑事责任。

第八十二条 精神障碍患者或者其监护人、近亲属认为行政机关、医疗机构或者其他有关单位和个人违反本法规定侵害患者合法权益的，可以依法提起诉讼。

第七章 附 则

第八十三条 本法所称精神障碍，是指由各种原因引起的感知、情感和思维等精神活动的紊乱或者异常，导致患者明显的心理痛苦或者社会适应等功能损害。本法所称严重精神障碍，是指疾病症状严重，导致患者社会适应等功能严重损害、对自身健康状况或者客观现实不能完整认识，或者不能处理自身事务的精神障碍。本法所称精神障碍患者的监护人，是指依照民法通则的有关规定可以担任监护人的人。

第八十四条 军队的精神卫生工作，由国务院和中央军事委员会依据本法制定管理办法。

第八十五条 本法自 2013 年 5 月 1 日起施行。

本文链接：http：//www.waizi.org.cn/doc/34194.html

本文关键词：精神卫生法，2018 年，修订版，全文

参考文献

［1］郑祥专.地方高校大学生积极人格发展研究［J］.中国特殊教育，2009（6）:69-74.

［2］张倩,郑涌.美国积极心理学介评［J］.心理学探新,2003（3）:6-9.

［3］苗元江,余嘉元.积极心理学:理念与行动［J］.南京师范大学学报，2003（3）:82-87.

［4］Chafouleas, Sandra M.; Bray, Melissa A. Introducing Positive Psychology: Finding a Place Within School Psychology［J］. Psychology in the Schools. 2004（1）:55.

［5］张倩,郑涌.美国积极心理学介评［J］.心理学探新,2003（3）:6-9.

［6］励骅,李欣.从积极心理学的角度解读学校教育的缺失［J］.高教发展与评估,2011（1）:83-88;120.

［7］任俊.积极心理学［M］.上海:上海教育出版社,2009:206.

［8］李晖.大学生公民教育研究［M］.北京:光明日报出版社,2015:90-95.

［9］谢念湘,赵金波,佟玉英.积极心理学视角下的大学生心理危机预防［J］.学术流,2011（10）:206-209.

［10］孟万金.论积极心理健康教育［J］.教育研究,2008（5）:41-45.

［11］谢念湘.心理咨询与治疗实务［M］.哈尔滨:黑龙江教育出版社,2011:433-435.

［12］张蓉,崔久彩,朱婉儿.积极心理学理论及应用研究进展［J］.国际精神病学杂志,2009,36（3）:168-170.

［13］齐梓帆.积极心理学视角下的学校心理健康教育新进展研究［D］.西安:陕西师范大学,2015.

［14］易恒山.积极心理学视野下大学生心理危机预防和干预研究［D］.武汉:武汉科技大学,2018.

[15] 张占平,申越魁.大学生心理危机的干预体系规划[J].中国临床康复,2005,28:168-169.

[16] 苏斌原,张卫,周梦培,林玛,孟彩.大学生自杀潜在风险的识别和预警:基于应激—易感模型[J].华南师范大学学报(社会科学版),2015(3):78-84.

[17] 顾凡,王平,杨蕾.贫困群体大学生潜在心理危机表现与应对模式研究[J].黑龙江高教研究,2010(6):102-104.

[18] 高留才.大学生心理危机的成因及其防治策略[J].心理健康教育,2010(10):66.

[19] 张艳霞.大学生心理危机成因分析与研究[D].长沙:长沙理工大学,2008.

[20] 段鑫星,程婧.大学生心理危机干预[M].北京:科学出版社,2006:50-53.

[21] 赵鑫.大学生心理危机及其防范措施研究[D].沈阳:辽宁大学,2012.

[22] 陈香,贾巨才.大学生心理危机及其预警干预机制研究[J].教育探索,2005(6):110-111.

[23] 吴英.国内大学生心理危机预警系统研究概述[J].中国校外教育,2011(4):34;85.

[24] 马喜亭,李卫华.大学生心理危机的研判与干预模型构建[J].思想教育研究,2011(1):103-107.

[25] 卢勤.大学生心理危机预防与干预体系的构建[J].中国青年研究,2010(9):110-112;77.

[26] 甘霖.大学生心理危机干预网络的优化研究[J].中国高教研究,2013(10):94-98.

[27] 刘韵.高校辅导员发挥大学生心理危机干预作用的途径[J].湖北函授大学学报,2014(11):35-36.

[28] 陈新星.高校辅导员与大学生心理危机预防[J].思想教育研究,2014(11):104-106;111.

[29] 向欣.贫困大学生心理危机的预防和干预对策[J].现代教育科学, 2012(11):147-149.

[30] 李亚敏,雷先阳,张丹,刘莉,唐四元.中国大学生自杀意念影响因素 的元分析[J].中国临床心理学杂志,2014,2204:638-640;667.

[31] 吕途,杨贺男,张绍波.大学生极端行为的心理成因与预防途径[J]. 教育探索,2009(6):119-120.

[32] 谢念湘,赵金波,佟玉英.积极心理学视角下的大学生心理危机预防 [J].学术交流,2011(10):206-209.

[33] 宋凤宁,黎玉兰,罗锂,尹江霞.心理弹性对大学生人格与心理危机的 中介作用研究[J].中国全科医学,2014,1728:3387-3390.

[34] 张家明,王纯静.基于大数据技术的大学生心理危机预警研究[J].教 育与职业,2015(30):75-77.

[35] 田喜.大学生心理危机的干预路径研究[D].呼和浩特:内蒙古农业 大学,2016.

[36] 林静.朋辈心理咨询在大学生心理危机干预中作用的探讨[J].国家 教育行政学院学报,2007(8):26-28.

[37] 和娟,杨玲枝,俞世伟.团体辅导对大学生极端心理危机事件的影响 [J].中国健康心理学杂志,2016,2402:271-274.

[38] 龙迪.心理危机的概念、类别、演变和结局[J].青年研究,1998(12): 42-45.

[39] 丁爱华.大学生极端心理危机事件影响因素及其对策研究[D].马鞍 山:安徽工业大学,2012.

[40] 郑慧.大学生心理危机的产生及干预研究——基于后现代社会视角 [D].南京工业大学,2016.

[41] 程平,王天龙,王赟,等.大学生心理危机干预与自杀预防策略[J].现 代预防医学,2007(15):2933-2934.

[42] 史占彪,张建新.心理咨询师在危机干预中的作用[J].心理科学进 展,2003,11(4):393-399.

[43] 赵映霞.心理危机与危机干预理论概述[J].安徽文学(下半月),

2008(3):382-383.

[44] 吴亚子.近年我国大学生心理危机干预研究的进展及存在问题[J]. 教育论,2015(7):98-101.

[45] 徐竹君.大学生心理危机干预研究现状[J].教育现代化,2018, 5(1):309-311.

[46] 刘畅,潘俊波,刘双奇,等.大学生心理危机干预工作方法研究[J].东 北农业大学学报(社会科学版),2018,16(6):51-55.

[47] 王亚军.大学生心理危机干预系统构建研究[D].西安:西安科技大 学,2014.

[48] 赵晓娜.大学生极端行为的心理分析及心理预防[D].长沙:中南大 学,2007.

[49] 佟朝坤.大学生自杀的早期预防与干预研究[D].广州:暨南大 学,2015.

[50] 胡嘉洋.大学生极端心理危机事件案例分析及影响因素研究[D].长 沙:湖南师范大学,2013.

[51] 张传锴.大学生极端心理问题的自身因素探究及对策分析[J].中国 成人教育,2010(12):111-112.

[52] 杨芷郁.大学生极端心理现象的形成原因及防范探析[J].吉林省教 育学院学报,2012(4).

[53] 刘超.大学生极端心理危机事件影响因素及干预对策研究[J].河北 工业大学学报(社会科学版),2012(3).

[54] 张将星.极端学生心理治疗:从危机干预到共创环境——以心理治疗 十年帮扶教育个案分析为例[J].中国特殊教育,2013(10):92-96.

[55] 陈幼堂.积极心理学刍议[D].武汉:武汉大学,2012.

[56] 董娟波.积极心理学研究综述[J].科协论坛(下半月),2011(6): 90-91.

[57] 易恒山.积极心理学视野下大学生心理危机预防和干预研究[D].武 汉:武汉科技大学,2018.

[58] 王燕.积极心理学的十年研究综述[J].河南教育学院学报(自然科学

版),2014,23(3):27-31.

[59] 齐梓帆.积极心理学视角下的学校心理健康教育新进展研究[D].西安:陕西师范大学,2015.

[60] 朱凌云,郭喜青.积极心理学与教育国际研讨会综述[J].中小学心理健康教育,2010(19):40-41.

[61] 陈幼堂.积极心理学刍议[D].武汉:武汉大学,2012.

[62] 崔丽娟,张高产.积极心理学研究综述——心理学研究的一个新思潮[J].心理科学,2005(2):402-405.

[63] 郑伟.积极心理学在我国的应用研究综述[J].吉林省教育学院学报,2013,29(6):148-149.

[64] 杨佩.积极心理学视角下大学生思想政治教育实效性探析[D].贵阳:贵州师范大学,2016.

[65] 郑伟.积极心理学在我国的应用研究综述[J].吉林省教育学院学报,2013,29(6):148-149.

[66] 李文霞.当代大学生极端心理危机事件外部原因探析[J].黑龙江高教研究,2006(9):34-36.

[67] 孙怀玉,马有德等.大学生极端心理探析与应对[J].理论导刊,2011(3):93-97.

[68] 黄婧.积极心理学视角的大学生极端心理危机预防[J].亚太教育,2015(18):254.

[69] 任可.大学生心理危机影响因素及防控机制研究[J].智库时代,2019,29:264;266.

[70] 汪春花.大学生心理危机的发生机制探讨[J].北京教育(德育),2014(9):64-66.

[71] 蔺桂瑞,梁凌寒.研究生自杀风险因素个案研究[J].北京教育(德育),2014(5):4-6.

[72] 杨振斌,李焰.大学生自杀风险因素的个案研究[J].思想教育研究,2013(8):96-98.

[73] 杜玉春,张平,王艺霖,卢烨陶.大学生心理危机事件影响因素实证研

究[J].北京教育(德育),2015(4):62-65.

[74] 刘瑜,王大军,孙朝阳.大学生心理危机研究现状的评述[J].中国医学伦理学,2008,21(6):114-118.

[75] 刘超.大学生极端心理危机事件影响因素及干预对策研究[J].河北工业大学学报(社会科学版),2012,4(1):54-57.

[76] 石娟,王倩,刘珍.基于ISM的大学生生命危机行为产生的影响因素分析[J].中国青年研究,2016(2):72-77.

[77] 石艳华.大学生自杀意念的影响因素及干预策略[J].学校党建与思想教育,2013(16):64-65.

[78] 桑海云,强冬梅,咸大伟.大学生自杀意念及影响因素的调查研究[J].教育与职业,2014(26):175-176.

[79] 程平,王天龙,王赟,甘红兰,陈正华,程正启,陈红光.大学生心理危机干预与自杀预防策略[J].现代预防医学,2007(15):2933-2934.

[80] 杜玉春,张平,王艺霖,卢烨陶.大学生心理危机事件影响因素实证研究[J].北京教育(德育),2015(4):62-65.

[81] 孟万金.论积极心理健康教育[J].教育研究,2008(5):41-45.

[82] 尹秋云.积极心理学视野下心理健康教育课程的错位与开发[J].黑龙江高教研究,2010(12):166-168.

[83] 雷屿.基于社会互动的大学生宿舍人际关系问题研究[D].重庆:西南大学,2011.

[84] 郭玲霞,苏英,封建民,刘宇峰.基于Logistic回归模型的大学生专业满意度影响因素研究[J].高教学刊,2019(10):89-92.

[85] 许立,马力波,等.关于积极心理学价值论的哲学思考[J].新课程研究,2010(3).

[86] 刘子婧.积极心理学视域下思想政治教育实效性研究[D].长春:东北师范大学,2019.

[87] 钟暗华.积极心理学的意义及发展趋势[J].徐州师范大学学报(哲学社会科学版),2010,36(5):134-137.

［88］钟暗华. 积极心理学的意义及发展趋势［J］. 徐州师范大学学报（哲学社会科学版），2010,36(5):134-137.

［89］Diener. Subjective Well – Being：The science of Happiness and Proposed for National Index. American Psychologist,2000,1:34-43.

［90］王铼. 积极心理学在高校思想政治教育中的应用路径探索［D］. 杭州:浙江工商大学,2018.

［91］郑逸. 心理弹性在护士长自我效能与工作投入中的中介效应研究［D］. 杭州:浙江中医药大学,2018.

［92］陈虹,李益倩. 美国心理学家倡导的"积极教育"积极心理学在教育中的应用［J］. 中小学心理健康教育,2010(7):19-21.

［93］刘静洋, 娄悦. 积极心理学视角下高校大学生心理弹性特征分析［J］. 沈阳师范大学学报(社会科学版), 2019(43).

［94］屈寒梅, 周钰杰. 积极心理学视域下贫困大学生心理弹性培养路径研究［J］. 现代商贸工业,2018(39).

［95］钟晓虹. 基于积极心理学视角的大学生发展性团体心理辅导分析［J］. 山东农业工程学院学报, 2019,36(6):178-179.

［96］任俊. 积极心理学［M］. 上海:上海教育出版社,2006:1-351.

［97］毛廷芳,崔德蕴,李英,王丽捷. 积极心理学在大学生团体心理辅导中的应用［J］. 吉林医药学院学报,2013,34(1):25-27.

［98］韦敏. 积极取向的团体辅导对大学生中轻度自杀意念的干预研究［D］. 重庆:重庆师范大学,2011.

［99］毛廷芳,崔德蕴,李英,王丽捷. 积极心理学在大学生团体心理辅导中的应用［J］. 吉林医药学院学报,2013,34(1):25-27.

［100］温金梅,张影侠,韦志中. 团体心理教育的服务方向研究［J］. 教育理论与实践,2011,31(7):46-48.

［101］毛廷芳,崔德蕴,李英,王丽捷. 积极心理学在大学生团体心理辅导中的应用［J］. 吉林医药学院学报,2013,34(1):25-27.

［102］Duckworth A L,Steen T A. Seligman M E. Positive psychology inclinical-practice［J］. Annual Review of Clinical Psychology,2005(1):629.

［103］李小光,徐娅霞.积极心理学的临床研究与应用［J］.临床心身疾病杂志,2008(3):266-268.

［104］辛俊杰,张宏雷,王文杰.论积极心理学与大学生团体辅导技术的结合［J］.北京教育(德育),2015(6):74-75;78.

［105］江玉.积极取向的团体心理辅导技术在大学生思想政治教育工作中的应用研究〔J〕.辽宁科技学院学报,2015(9):84.

［106］唐辉.积极心理学健康新导向——大学生团体心理辅导实践与研究［J］.教育现代化,2018,28(5):130-131.

［107］马丁·塞利格曼.真实的幸福［M］.洪兰.译.北京:万卷出版公司,2010.

［108］陈永琴.团体辅导在大学生积极心理品质培养中的应用［J］.四川旅游学院学报,2014(3):95-97.

［109］刘惠,李媛.大学生集体心理教育活动设计与操作［M］.成都:电子科技大学出版社,2010.

［110］何瑾,樊富珉.团体辅导提高贫困大学生心理健康水平的效果研究——基于积极心理学的理论［J］.中国临床心理学杂志,2010(3).

［111］俞晓歆,等.积极心理学在戒毒人员团体辅导中的应用［J］.心理科学,2012(12).

［112］姚美雄.《大学生心理健康教育》课程教学研究——以培养学生积极心理品质为核心［J］.教育教学论坛,2011(30):143-144.

［113］涂巍.积极取向团体辅导在大学生心理健康教育实践课教学中的探讨［J］.湖南科技学院学报,2016,37(7):143-145.

［114］唐辉.积极心理学健康新导向——大学生团体心理辅导实践与研究［J］.教育现代化,2018(5):130-131.

［115］林静.积极取向大学生自我成长团体辅导实施策略［J］.科教文汇(上旬刊),2017(12):153-154.

［116］钱兵.积极心理学对心理健康教育的意义与启示［J］.中国学校卫生,2007(9):834-835.

［117］周红霞.基于生态系统视角的大学生心理危机应对案例研究［J］.教

育学术月刊,2018(2):87-94.

[118] 刘爱楼,欧贤才.大学生自杀风险的类别转变:潜在转变分析[J].西南大学学报(社会科学版),2018,44(2):104-111;193.

[119] 马喜亭,冯蓉.基于积极心理学视角的和谐"导学关系"模式构建研究[J].研究生教育研究,2018(1):67-70;95.

[120] 张亮,肖冬梅,相楠,刘畅.积极心理学在高校心理健康教育中的应用——以东北农业大学为例[J].东北农业大学学报(社会科学版),2017,15(6):85-89;94.

[121] 林琳,柯晓扬.积极心理学视野下大学生心理危机干预的构想[J].教育探索,2013(2):125-126.

[122] 林琳,柯晓扬.积极心理学视野下大学生心理危机干预的构想[J].教育探索,2013(2):125-126.

[123] 蒋善,施玉琴.积极心理学视角下的大学新生心理约谈[J].校园心理,2012,10(6):410-411.

[124] 周红霞.基于生态系统视角的大学生心理危机应对案例研究[J].教育学术月刊,2018(2):87-94.

[125] 刘爱楼,欧贤才.大学生自杀风险的类别转变:潜在转变分析[J].西南大学学报(社会科学版),2018,44(2):104-111;193.

[126] 马喜亭,冯蓉.基于积极心理学视角的和谐"导学关系"模式构建研究[J].研究生教育研究,2018(1):67-70;95.

[127] 张亮,肖冬梅,相楠,刘畅.积极心理学在高校心理健康教育中的应用——以东北农业大学为例[J].东北农业大学学报(社会科学版),2017,15(6):85-89;94.

[128] 刘晓伟.情感教育:塑造更完整的人生[M].上海:华东师范大学出版社,2007:38.

[129] 陈斌,刘轩,等.积极心理学视角下的大学生极端心理危机预防[M].南昌:江西人民出版社,2013:132.

[130] 胡嘉洋.大学生极端心理危机事件案例分析及影响因素研究[D].长沙:湖南师范大学,2013:38.

[131] 丁爱华.大学生极端心理危机事件影响因素及其对策研究[D].马鞍山:安徽工业大学,2012:50-51.

[132] 陈斌,刘轩,等.积极心理学视角下的大学生极端心理危机预防[M].南昌:江西人民出版社,2013:136.

[133] 陈斌,刘轩,等.积极心理学视角下的大学生极端心理危机预防[M].南昌:江西人民出版社,2013:136.

[134] 郭博文.积极心理学视域下大学生思想政治教育实效性研究[D].长安大学,2016:45.

[135] 陈斌,刘轩,等.积极心理学视角下的大学生极端心理危机预防[M].南昌:江西人民出版社,2013:136.

[136] 何慧星,张澜.大学生思想政治教育与心理健康教育平行渗透模式研究,国家教育行政学院学报,2010(10).

[137] 陈家麟.学校心理健康教育——原理与操作[M].北京:教育科学出版社,2002.

[138] 赵晓娜.大学生极端行为的心理分析及心理预防[D].中南大学,2007:51.

[139] 万锐.积极心理学对大学生心理健康自我教育的启示[J].教育教学论坛,2018,(13):53-54.

[140] 修稳君,张俊.积极心理学视角下大学生心理危机预防与干预探究[J].锦州医科大学学报(社会科学版),2017,15(4):76-79.

[141] 王瑾.浅谈高校心理危机干预机制的落实方法和具体措施[J].教书育人(高教论坛),2017(24):66-67.

[142] 甘霖.大学生心理危机干预网络的优化研究[J].中国高教研究,2013(10):96.

[143] 王春秀."大数据"范式与"新媒体"无感干预——大学生心理危机防范的新路径[J].沈阳大学学报(社会科学版),2019(3):330.

[144] 王景添.数据驱动的大学生心里跟踪及危机预警研究[D].广州:华南农业大学,2016:11-12.

[145] 张勇,刘心报,赵丽欣,夏晶凡,张丽.基于双限制优势粗糙集的高校

学生心理危机预警要素分析[J].中国管理科学,2017,25(11):
143-150.

[146] 王亚军.大学生心理危机干预系统构建研究[D].西安:西安科技大
学,2014.

[147] 吴平.大学生心理危机筛查问卷的编制及调查分析[D].昆明:云南
师范大学,2018.

[148] 李永慧.大学生心理危机干预困境与应对策略[J].中国学校卫生,
2019,40(4):486-489.

[149] 郭静,季丽丽,贾丽萍,于丽荣,卢国华.心理危机脆弱性在大学生生
活事件应激与心理危机间的作用[J].中国学校卫生,2019,40(1):
104-106;109.

[150] 陈英,杜彬恒.研究生思想政治教育协同管理模式构建与优化——
基于协同理论[J].西南农业大学学报(社会科学版),2013,11(3):
124-126.

[151] 李才俊.高校"六维一体"思想政治教育机制研究[M].北京:新华出
版社.2017:57-58.

[152] 彭进清,聂智.协同学理论与大学生思想政治教育[J].当代教育论
坛,2015(1):70-76.

[153] 陆宝益.论协同学理论在 Information Commons 中的应用——Infor-
mation Commons 构建的理论基础研究之二[J].图书情报工作,
2010,54(10):67-70;53.

[154] 刘慧.从协同理论的视角优化大学生思想政治教育工作机制——评
《协同理论视域下的高校大学生思想政治教育工作机制优化研究》
[J].新闻与写作,2017(2):121.

[155] 彭万明,彭万勇.完全学分制下高校思想政治工作资源整合略论
[J].当代教育论坛(管理研究),2010(4):52-54.

[156] 孔祥星.大学生思想政治教育整体协同性研究[J].太原城市职业技
术学院学报,2016(3):65-66.

[157] 郑吉春,黄荟宇,张超,高春娣.大学生思想政治教育工作机制优化

路径研究——基于协同理论的视角[J].北京工业大学学报(社会科学版),2016,16(5):89-94.

[158] 黄讷敏.协同视域下大学生心理健康教育的社会支持体系研究[D].武汉:华中科技大学,2016.

[159] 周敏.积极心理学视野下贫困大学生心理健康教育探索[J].学校党建与思想教育,2016(24):61-62.

[160] 朴永馨,滕祥东主编;吕淑惠,华京生副主编.完善教育体系　实现教育公平:高等特殊教育研究论文选编[M].北京:知识产权出版社,2012.

[161] 陈倩,毕亚琴.协同视域下大学生心理健康教育的社会支持体系研究[J].河南机电高等专科学校学报,2018,26(2):30-32.

[162] 徐春明,高薇.高校大学生思想政治教育与心理健康教育相结合的实施路径研究[J].科技展望,2016,26(14):315-316.

[163] 吴巧巧.高校思想政治教育和心理健康教育协同创新研究[D].杨凌:西北农林科技大学,2017.

[164] 李便.高校思想政治教育与心理健康教育协同探析[J].吉林工程技术师范学院学报,2019,35(11):1-3.

[165] 丰竹丽.高校心理健康教育与思想政治教育的融合路径探析[J].课程教育研究,2018(46):62.

[166] 韩力争.基于协同理论的高校思想政治教育与心理健康教育结合途径思考[J].江苏高教,2008(1):127-129.

[167] 张梅英.协同创新:高校心理健康教育与思想政治教育结合的发展之路[J].高教学刊,2019(23):26-29.

[168] 申青.高校思想政治教育和心理健康教育协同作用研究[D].杨凌:西北农林科技大学,2014.

[169] 董秀娜,汤晨杰,陆金龙.大学生极端心理分析与危机干预机制研究[J].教育现代化,2016,3(18):138-139;144.

后 记

高校大学生频发的极端心理危机事件，引起了社会的高度关注。加强对大学生心理问题的研究，提高大学生心理危机干预的实际效果，防止大学生极端心理危机事件的发生，是亟须解决的重要课题。

积极心理学的兴起为我们研究大学生心理健康教育，预防大学生心理危机提供了新的视角和思路。积极心理学提倡用积极乐观的方式来研究人格，倡导快乐幸福的积极体验，重视开发个人的心理潜能，强调培养个人的积极品质来预防心理问题的产生，注重积极的组织系统的建设，为我们应对大学生极端心理危机提供了指导。

本课题组在总结和借鉴已有研究成果的基础上，开展了调查研究，分析了大学生极端心理危机产生的影响因素，从积极心理学的视角探讨了大学生极端心理危机的干预途径和方法。在对这些研究成果进行汇总和梳理的基础上，编辑出版了本书，希望能对大学生极端心理危机的预防和干预有所裨益。

本书是集体智慧的结晶，它由董秀娜负责策划、编写、统稿及定稿，王艳慧、张冬阳、胡明、蒋春翔等负责资料收集汇总整理，最终编写而成。本书在编写过程中，引述和参阅了一些学者的研究成果，在此向作者们表示感谢，所列注释、参考文献如有疏漏，恳请相关作者谅解。本书在编辑出版的过程中，还得到了江苏大学出版社吴春娥老师的大力支持，在此表示衷心的感谢！

2019 年 11 月